如果尼采是獨角鯨

不那麼聰明，卻活得更幸福

If Nietzsche Were a Narwhal

賈斯汀．葛雷格
Justin Gregg ㊣著

王瑞徽 ㊣譯

What Animal Intelligence Reveals About Human Stupidity

推薦序——

智慧的陷阱

我們的聰明是否成為自己的敵人？

教育學博士、歷史科普暢銷作家　吳宜蓉

有時候，一個引人入勝的問題能夠引發深刻的思考，譬如：如果尼采不是一位哲學家，而是一頭獨角鯨，會不會改變我們的歷史？人們普遍認為尼采的哲學思想對於納粹核心理念的形成是不可或缺的！那如果尼采不是一個人類，而是一頭獨角鯨、一頭黑猩猩，甚至是一隻柯基犬，那麼這世界是不是永遠不必經歷第二次世界大戰或納粹大屠殺的恐怖？

這本書的書名就是來自這麼具有想像力的問題！我們常常將人類智慧視為至高無上的價值，智力測驗分數越高越好，因為應該沒有人希望自己被當成一個笨蛋吧！但是，這種看法是否過於自大？人類是不是並不如我們想像的那麼聰明，又或者我們因為過分聰明反而使自己誤入歧途？作者賈斯汀．葛雷格（Justin Gregg）不僅是一位心理學博士，還是一位研究動物行為的專家，他試著藉由動物行為及人類社會的各種案例，來提醒人類必須保持謙卑，並嘗試聆聽其他生物的故事。

人類的大腦過分發達，使我們的認知異常地複雜，我們能夠使用語言進行溝通，可以運用不同的素材進行藝術創作，利用五線譜譜寫出多聲部複雜的交響樂曲。然而，也因為我們擁有可以透過不同媒介進行無限制表達的超能力，使得我們人類這個物種成為所有動物中最擅長裝模作樣的騙子！當我們看到一隻狗露出牙齒，便可以猜到牠現在充滿警戒或是準備攻擊，也許待會就要咬人。但是當我們看到一個人類露出牙齒微笑，我們確實無法輕易地判斷他是友好地釋出善意，還是他總是對著你笑，笑得你心裡發毛，正懷著滿肚子陰謀詭計。

許多動物都會欺騙，公雞會發出分享食物的虛假聲音來吸引母雞注意，然後發生性行為；雄性烏賊則會假裝雌性混在雌性當中，以求渾水摸魚的交配機會。但是，由於人類有著獨特的語言能力與複雜認知系統，以至於我們必須生活在一個時時刻刻必須提防謊言的社會：假新聞滿天飛、詐騙集團趴趴走、網紅帶風向……等等。有時候，我們不得不對自己所處的世界感到氣餒，為什麼走到哪裡都是鬼話連篇？

巨大的大腦讓我們自豪人類是萬物之靈，得以成為主宰地球的物種，我們自以為馴化了自然世界，但同時也是對於生態巨大的破壞，以至於我們在不知不覺中為自己的滅絕創造了條件。五月天〈2012〉的歌詞寫道：

落葉劑製造　落葉的秋
輻射塵覆蓋　清晨的冬
地球還殘喘　人就創作末日
又何必等到　上帝沒收

人類的文明發展為自己帶來了繁榮，同時也加速各種災難進行。作者說：「我養的雞就不可能**全體**集結起來，為了追求大雞國族的榮耀，而向全世界傾倒死亡。」一不做死就不會死！然而人類的聰明才智，似乎不太一樣。人類建造毒氣室，人類發明原子彈，直到今天，人類總沒有從歷史中學會教訓，不停地持續發動新的戰爭。

過於複雜的大腦認知，似乎是一種生存負擔。有些鄉民在網路上跟人筆戰，攻擊對方「無腦」*，用來代表缺乏思考能力。不過，真的有一種生物是「無腦」的，那就是「海鞘」。牠在幼蟲時期有腦，還會像蝌蚪般游來游去，但是等到成年後，牠們會將身體的一端固定在礁石上，另一端則隨著海流漂動，然後把自己的大腦和脊索吃掉，理由是：用不到了！失去大腦後的海鞘會在這塊岩石上度過餘生，整天隨著海浪擺動，張開嘴巴，讓海流將浮游生物自動送入他的嘴巴。即便消除了一切思考的機會，雌雄同體的牠們依然能夠繼續繁衍下一代。這就是極簡生活的代表作吧！

當然，這本書並不是反智主義，鼓勵我們成為人型海鞘，從此虛度光陰。人類所擁有的高度智慧，就像是一把雙面刃，能夠帶來快樂，也為我們帶來苦難。智慧並不僅僅是知識，而是如何運用知識的能力。閱讀這本書是一次對於人類自身以及我們所處的世界進行重新思考的機會，讓我們保持謙卑，並學會認識不同物種的生存之道，也許這樣，我們才可以創造一個更平和、更永續的世界。

* 請避免使用，曾有判案被法院認定構成公然侮辱。

謹以此書獻給蘭蔻・德・弗里斯（Ranke de Vries）

——我的人生伴侶、配偶及最愛的同謀（co-conspirator）

Contents

「光憑動物不可能做出這樣的行為，你必須是人類才能蠢到這地步。」

——泰瑞．普萊契，《碟形世界７：金字塔》[1]

前言

尼采（Friedrich Wilhelm Nietzsche，一八四四～一九〇〇）不只有著華麗的鬍子，他和動物還有著一種奇特的關係。一方面，他很同情動物，他在《不合時宜的沉思》（*Untimely Meditations*）一書中寫道：「牠們帶著愚人的墮落欲望……盲目而瘋狂地執著於生命，沒有別的目標。」他相信，動物只是踉踉蹌蹌度過一生，渾然不知自己在做什麼，也不知道為何那麼做。更糟的是，他認為牠們缺乏智慧，無法像人類一樣深刻地體驗愉悅或痛苦。對於像尼采這樣的存在主義[2]哲學家來說，這實在是一大憾事，畢竟

1 《金字塔》（*Pyramids*）是英國作家泰瑞・普萊契（Terry Pratchett）的奇幻小說《碟形世界》（*Discworld*）第七部作品，一九八九年出版，於同年獲得「英國科幻小說協會獎」（British Science Fiction Association Awards，BSFA）。（未標示「譯註」者皆為「編註」）

2 存在主義認為，人類個體總是會出現「存在焦慮」，因此存在主義思想家致力於探索與人類存在的意義、目的和價值相關的命題。

「在苦難中尋找意義」是尼采的專長。但同時，他又羨慕牠們的無憂無慮，於是寫道：

想想，牛群嚼著草從你身邊經過：牠們不懂昨日或今日意謂著什麼，牠們四處蹦跳、進食、休息、消化，然後又蹦跳起來，就這樣從早到晚，日復一日，因為牠們只受當下的情緒束縛，既不憂傷也不無聊。這對人類來說是難得一見的景象；雖然他自認人比動物還要高等，但他還是忍不住羨慕牠們的幸福。

尼采既希望自己像牛一樣愚昧，省得思考存在，但又同情牛愚昧得無法思考存在，正是這種認知失調讓他產生了偉大的想法。尼采對哲學的貢獻包括：挑戰真理和道德的本質，宣稱「上帝已死」的名言，以及努力解決無意義與虛無主義的問題。但這樣的大量工作也讓他付出慘重代價，他的私人生活可謂一團糟，這是思想太深奧會把腦子弄壞的最典型例子。

尼采年幼時患過導致虛弱的頭痛，讓他接連好幾天無法行動。在他學術生涯的產量巔峰期，他經歷了持續的抑鬱、幻覺以及自殺念頭。一八八三年，他三十九歲時，他宣布自己「瘋了」——他最知名的著作《查拉圖斯特拉如是說》（*Also sprach Zarathustra*）也在同一年出版。但儘管他的哲學著作激增，精神狀態卻持續惡化。一八八八年，尼采向朋友大衛・費諾（Davide Fino）租了一間位於都靈市中心的小公寓，儘管處於精神健康的危機，這年他還是寫了三本書。有天晚上，費諾透過尼采家的鑰匙孔探看，發現那個人「赤身裸體，在屋裡大喊大叫，手舞足蹈，好像在進行酒神狂歡式的單人娛樂。」他會徹夜不眠，用手肘在鋼琴上敲打著刺耳的曲子，一邊嘶吼著錯亂的華格納[3]歌劇歌詞。尼采是創意天才，但顯然狀態不佳，而且是糟糕的鄰居。

考慮到他對動物天性的癡迷，若說導致尼采最後一次精神崩潰，且再

3 Wilhelm Richard Wagner，一八一三～一八八三，德國作曲家，十九世紀最偉大的歌劇作家之一。

也沒能康復的原因是「和一匹馬的相遇」或許也十分合理。一八八九年一月三日，尼采在都靈市穿越卡羅阿爾貝托廣場，看見一個車夫在鞭打他的馬。難以承受的尼采突然痛哭起來，用雙臂摟住馬兒的頸子，然後癱倒在街上，正在附近報亭工作的費諾趕了過來，將他帶回公寓。在被匆匆送往瑞士巴塞爾一家精神病院之前，這位可憐的哲學家連著好幾天處於癡呆狀態中，再也沒重拾他的心智。

都靈之馬似乎是對尼采脆弱精神狀態的最後一擊。

關於尼采的精神病（在他去世前發展為全面的癡呆症）的起因有很多猜測。也許是一種可能會侵蝕大腦的慢性梅毒感染，或者是一種血管疾病（遺傳性腦血管病變），隨著腦組織慢慢萎縮、死亡，會導致各種神經症狀。無論醫學原因是什麼，毫無疑問，尼采的超凡智力加劇了他的精神問題，這促使他選擇犧牲心智健全，在痛苦中尋求意義、美和真理。

尼采是不是聰明反被聰明誤？若從演化的角度看待智力，我們有充分的理由相信，複雜的思維（以各種形式存在於整個動物界）往往是一種負擔。如果說我們能從尼采的苦難人生中學到什麼教訓，那就是：凡事想太多，不見得會給人帶來好處。

如果尼采是一種無法如此深入思考存在本質的較簡單的動物，就像都靈的馬，或者他深感同情／羨慕的牛群中的其中一隻，甚至是我非常喜歡的海洋哺乳動物「獨角鯨」，會是什麼狀況？獨角鯨經歷生存危機的荒謬性，正是理解人類思維有多謬誤以及動物思維有多正常的關鍵所在。對獨角鯨來說，要遭遇尼采式的精神崩潰，牠們需要對自己的存在具有相當精密的覺察水平。牠們需要知道自己終有一死——注定在不遠將來的某天死去。然而，能夠顯示獨角鯨或人類以外的任何動物，擁有對死亡產生概念的「智慧力量」（intellectual muscle）的證據，就如我們將在本書中看到的，可說非常稀少。而事實證明，這是件好事。

何謂智力？

人類和所有其他動物理解、體驗世界的方式存在著令人費解的分歧，幾乎沒人懷疑，我們腦袋裡肯定發生了一些在獨角鯨腦中沒發生的事。我們能送機器人上火星，獨角鯨不能；我們能寫交響樂，獨角鯨不能；我們能從死亡中找到意義，獨角鯨不能。無論我們的大腦如何運作，導致這些奇蹟的，顯然是我們稱之為「智力」的東西。

遺憾的是，儘管我們完全相信人類的智力在動物中是例外，卻沒人真正知道「智力」是什麼。這或許可以用「我們沒有一套好的方法來為智慧下定義[4]」膚淺地說明帶過，但我想表達的是，我們甚至不確定智力是不是一種可度量、真實存在的概念。

想想人工智慧領域，這是我們試圖創造的一種，顧名思義，擁有「智慧」的電腦軟體或機器人系統。但是，對於如何定義這個他們如此熱中於創造的東西，ＡＩ研究人員並沒有共識。在最近針對五百六十七名頂尖

ＡＩ專家進行的一項調查中，勉強過半（58.6％）的人同意，ＡＩ研究員王培（Pei Wang）對智慧的定義或許是最好的：

> 智慧，是指在有限知識和資源下工作時適應環境的方式。因此，智慧系統應該憑藉有限的處理能力，即時工作，隨時接納意外任務，並從經驗中學習。這個工作定義將「智慧」解釋成「相對理性」（relative rationality）的一種形式。

換句話說，41.4％的ＡＩ科學家根本不認為這就是智慧。在《通用人工智慧雜誌》（*Journal of Artificial General Intelligence*）的一期特刊中，數十名專家對王培的定義發表評論。在一個完全不出乎意料的轉折中，編輯群得出結論：「如果讀者期待我們對人工智慧的定義出現共識，這恐怕要讓

4 譯註：Working definition，工作定義，指使用者定義的一套作業及規則。

他們失望了。」但整個專門致力於創造智慧的科學領域，對於何謂智慧始終沒有、將來也不會有任何共識，這真是相當荒謬的情況。

順帶一提，心理學家也好不到哪裡，將智力定義為「人類心智獨特屬性」的歷史可說是一團混亂。二十世紀英國心理學家斯皮爾曼[5]提出智力的一般因素（General Intelligence factor，G因素）的概念，用來解釋為什麼在心理測試中表現良好的孩子，在其他類型的心理測試表現往往也更好。根據這一理論，必然是某些人擁有比別人多可量化的人類心智屬性，這就是大學入學測驗（SAT）或智商測驗所展現的東西，當你對世界各地的人進行這類測驗，無論他們的文化背景如何，你確實會發現，某些人在測驗的各方面都表現得比其他人好。但對於這些表現差異是否歸因於大腦的某種產生思維屬性——G因素，或是說「G因素」只是一種簡稱，用來描述我們大腦中翻騰的龐大認知能力的一種整體表現，但專家對此還沒有一致的看法。這些認知能力各自獨立運作，偶爾會緊密地相互聯繫，還是有一種神奇的智慧粉末撒落在所有認知系統中，讓一切運作得更好？

沒人知道。在人類智力研究的核心，就是這樣一種不知道談的是什麼的混亂狀況。

然後還有動物。如果你想強調智力這個概念有多麼靠不住，只要去請教一位動物行為研究人員，為什麼烏鴉比鴿子更聰明。你通常會從像我這樣的人口中得到類似以下的答案，「這個嘛，不同物種的智力是無法拿來比較的。」這等於是說，「這問題毫無意義，因為沒人知道智力是啥，或者該如何衡量。」

但如果你想要最後一擊來證明爭論智力是近乎荒謬、近乎不可能地困難，只消看看「探尋地外智慧生命計畫」（the Search for Extraterrestrial Intelligence，ＳＥＴＩ）。這項活動的靈感來自一九五九年由摩里森[6]和科

5 Charles Edward Spearman，一八六三～一九四五，英國皇家學會院士（ＦＲＳ）、英國心理學家，以統計學工作而聞名，為「因子分析」的先驅。

6 Philip Morrison，一九一五～二〇〇五，美國天體物理學家，在第二次世界大戰期間曾參與「曼哈頓計畫」（Manhattan Project）的工作，以及後來在量子物理學、核物理學、高能天體物理學和ＳＥＴＩ方面的工作而聞名。

可尼[7]發表在《自然》雜誌上的一篇文章。這兩位來自康乃爾大學的科學家提出，如果外星文明試圖進行交流，很可能會透過無線電波來進行。這導致一群科學家於一九六〇年十一月聚集在西維吉尼亞州的小鎮綠岸，在那裡，無線電波天文學家德雷克（Frank Drake）提出他著名的「德雷克公式」，該公式推估了銀河系中有足夠智慧發出無線電波的外星文明的數量。這道公式本身充滿輕率推估（也就是憑空想像）的因數，包括可能孕育生命的行星的平均數量，以及其中可能進一步演化出智慧生命的行星數量占多少比例。

SETI計畫和德雷克公式的問題是，他們甚至沒針對什麼是智慧給出定義，而我們都該知道那是什麼，正是這東西讓生物有了發出無線電信號的能力。按照這個心照不宣的定義，人類一直到一八九六年馬可尼[8]為無線電申請專利時才稱得上聰明。而且再過大約一世紀我們可能就不再聰明了，因為這時所有的通信都改由透過光傳輸而不是無線電來處理了。這種癡傻也是摩里森向來討厭「探尋地外智慧生命」這句話的原因，他說，

「SETI讓我很不高興，因為它莫名地玷污了這整件事。我們能偵測到的不是智慧，而是通訊。沒錯，通訊暗示著智慧，但很顯然他們認為談論如何接收訊號比較重要。」

AI人工智慧研究人員、人類心理學家、動物認知研究人員和SETI科學家的共同點是，他們都相信智力是一種「可量化」的現象，卻沒有一致同意的量化方法。等我們看到就會知道的「外星無線電波」？沒錯，這就是智慧；烏鴉用棍子把螞蟻從原木裡撈出來？沒錯，這就是智慧；《星際爭霸戰》（*Star Trek*）影集裡的機器人少校「百科」[9]為他心愛的寵物貓寫詩？沒錯，這當然也是智慧。這種「我一看就知道」的辨別智慧的方法，正是美國最高法院大法官史都華（Potter Stewart）出了名的用

7 Giuseppe Cocconi，一九一四～二〇〇八，義大利物理學家，曾擔任日內瓦CERN質子同步加速器的主任，並以從事粒子物理學和參與SETI的工作而聞名。

8 Guglielmo Marconi，一八七四～一九三七，義大利工程師，專門從事無線電報設備的研製和改進，一九〇九年諾貝爾物理學獎得主。

9 Data，《星艦迷航記》系列中的一個人形機器人角色，具有出色的運算能力，它剛被製造出來的時候常對人類的情感感到好奇，而當它開始對人類有了一些了解，也使它開始羨慕人性。

來判斷何謂色情的方式[10]。大家都知道什麼是智慧，就像大家都知道什麼是色情，花太多時間努力定義它們肯定會讓人不安，因此多數人都不會為此費心。

智力有什麼好處？

這場關於智力討論的核心，是一個不可動搖的信念：智力是好東西，無論我們怎麼定義它，無論它實際上是什麼，一種你可以灑在無趣的老猴子、機器人或外星人身上然後創造出更好東西的神奇成分。但我們是否該對智慧的附加價值如此有信心？要是尼采的腦袋和獨角鯨相近些；要是他沒有聰明到能夠思考自己即將到來的死亡——他的瘋狂就算無法完全消失，可能也不至於那麼劇烈。這不僅對他比較好，對我們其他人也是如此。如果尼采生來是一頭獨角鯨，這個世界或許永遠不必經歷第二次世界大戰或納粹大屠殺的恐怖，這些事件儘管並非尼采本身的過錯，他卻是幫手。

精神崩潰後，尼采在德國耶拿的精神病院待了一年，然後回到兒時在瑙姆堡的老家，由他母親弗蘭齊絲卡照料。他一直處於半癡呆狀態，需要全天候照護。在她寵了兒子七年直到去世之後，尼采的妹妹伊莉莎白前來照顧他。伊莉莎白一直渴望得到哥哥的認可，尼采卻排拒了她一輩子。小時候，他給她取了個綽號——llama（羊駝），顯然是因為羊駝這動物是如此「愚蠢」又頑固，一旦受到虐待就會拒絕進食，然後「躺在地上等死」。

對尼采（以及世人）來說，很不幸地，伊莉莎白是一名極右翼德國民族主義者。一八八七年，她和丈夫福斯特一起在巴拉圭協助建立了新日耳曼尼亞鎮，目的是讓它成為一個亞利安種族優越的光輝模範社區——一個新祖國。福斯特是一位直言不諱的反猶太主義者，他曾寫道：「猶太人是『德國軀體上的寄生蟲。』」然而，新日耳曼尼亞鎮很快就失敗了。早期的亞利安定居者死於飢餓、瘧疾和沙蚤感染。事實證明，沙蚤是一種可以

10 美國最高法院法官波特・史都華（Potter Stewart，一九一五～一九八五）說過一句名言：「我雖然無法定義什麼是色情，但看到時自然會知道。」

在反猶太者軀體上快樂存活的寄生蟲。

福斯特因為該鎮計畫的失敗而羞愧自盡，伊莉莎白則回到德國，照顧她那落得無依無靠的哥哥。尼采並非反猶太分子，在文章中對反猶太主義和法西斯主義多所貶損。但尼采這時已無法辯駁了，她趕來照顧他的時候，他已經局部癱瘓，無法說話了。一九〇〇年八月他去世之後，伊莉莎白完全控制了他的遺產，並開始修訂他的哲學著作來符合她的白人優越主義意識形態。

為了讓自己在德國新興的法西斯運動中受歡迎，她仔細整理了尼采的舊筆記，在他死後出版了一本名為《權力的意志》（*The Will to Power*）的書，她加油添醋，好提供她的法西斯朋友作為鎮壓（並根除）「弱小種族」的好戰意識形態哲學正當性。儘管她需要奧地利著名哲學家史坦納[11]擔任導師來幫助，才能理解哥哥的思想。雖然史坦納曾表示「她的思想連最起碼的邏輯一致性都欠缺」，伊莉莎白還是極為成功地把她哥哥描繪成德國國家社會主義運動的思想先驅。一九三〇年代初，納粹黨內每個有頭有臉的人都去朝拜過位於威瑪的尼采檔案館，那是伊莉莎白為了宣傳她哥哥的作品（其中一些是她偽造的）而建立的。到了一九三五年，伊莉莎白去世時，她在納粹政權中大受歡迎，甚至連希特勒[12]都參加了她的葬禮。

人們普遍認為，尼采的哲學思想對納粹黨的形成和成功是不可或缺的，並為納粹大屠殺提供了正當理由。儘管尼采鄙視反猶太主義，或許會憎恨納粹，建議人們應該「將反猶太主義的叫囂者驅逐出國」。曾在普法戰爭中擔任軍醫的尼采親眼目睹過不少暴行，這對他產生了深刻影響。他不喜歡暴力，當然也反對像納粹這類侵略主義政治運動所使用的這種國家暴力。儘管尼采自稱「用槌子思考哲學」[13]，但眾所周知，他是一個善良、規矩而

11 Rudolf Steiner，一八六一～一九二五，奧地利的哲學家、改革家、建築師和教育家，也是華德福教育的始創人。

12 Adolf Hitler，一八八九～一九四五，德國政治人物，前納粹黨領袖，於一九三九年九月發動波蘭戰役，導致第二次世界大戰在歐洲爆發，並為納粹大屠殺的主要策劃者與發動者之一。

13 出自尼采《偶像的黃昏》（*Twilight of the Idols*）的副標題「如何用槌子思考哲學」（How to Philosophize with a Hammer），尼采把西方歷史上許多被當作價值基礎的觀念視為偶像，然後準備將它們通通打碎。

溫和的人。這是經過檢驗的。記得吧，他可是一個因為看見有人傷害一匹馬而精神崩潰的人。

而這突顯了人類智力的重大缺陷。我們能夠，而且經常使用我們的智力來推測宇宙的奧秘，並產生以「生命的脆弱和短暫」作為依據的哲學理論。但我們也經常利用這些奧秘來製造死亡與破壞，並扭曲這些哲學來正當化自己的野蠻行為。隨著對世界構建方式的理解，隨之而來的是打破它的知識。人類既有把種族滅絕合理化的能力，也有實踐它的技術才能。伊莉莎白・福斯特・尼采利用她哥哥誕生自驚人的人類智力的哲學著作，來驗證一種導致六百萬猶太人死亡的世界觀。在這點上，人類與獨角鯨全然不同。獨角鯨不會建造毒氣室。

崇高的麥高芬

智力不是生物學的事實，這種人類有智力或行為比較優越的想法，其實並無科學依據。我們直覺地認為智力既真實又美好。但是，當我們觀察非人類動物在地球上竭力維持生存的方式（牠們為了解決生態學問題而發展出來的各種令人瞠目結舌的解決方案）就會發現，這些直覺和信念都禁不起檢視。智慧是崇高的麥高芬[14]——我們研究人類、動物和機器人心智時一直在追逐的一個概念，它使得我們忽略了一個自然世界的現實。在這個現實中，物競天擇從不曾依循**智力**這種簡化的單一概念來運行。在這個現實中，我們的知識和技術成就（源於和許多其他物種共有的認知特徵）並不像我們自以為的那麼重要或特殊。在這個現實中，地球上充滿了能夠找到各種解決方案，並過著足以令人類汗顏的美好生活方式的物種。

這是一本討論「智慧」以及「它究竟是好是壞」的書。我想多數人都相信智力本質上是好的，無論你認為它意味著什麼。我們總是透過自己特有的智力稜鏡來看待世界，以及這世界上所有非人類動物的價值。然而，

14 譯註：MacGuffin，電影術語，指被眾人追逐、推動情節發展但意義不大的細節。

要是我們讓那個叫囂著我們物種例外論的聲音平息下來，聽聽其他物種正在告訴我們的故事？要是我們承認，從演化的角度來看，有時我們所謂的人類成就，實際上是相當糟糕的解決方案？這麼做會讓整個世界大翻轉。然後，一些據說較不聰明的動物（如牛、馬和獨角鯨）會彷彿成了天才。動物界突然迸發出無數找到優雅辦法來解決生存問題、美麗而單純的心智。

人類智力有什麼好處？這是個困擾著尼采，也困擾著我的問題。且看看我們是否能一起找到答案。

Chapter

1

「為什麼」專家

一則關於帽子、賭注與雞屁股的故事

漸漸地，人類已成為一種必須比其他動物多滿足一項生存條件的神奇動物：人類必須不時地去相信、知道自己為何存在。

——尼采——

邁克．麥卡斯基爾（Mike McCaskill）花了二十年才打敗股市，但他終究成功做到了。

邁克在家族事業的家具店工作時，便把交易小筆低價股當作嗜好，當家具店在二〇〇七年關門，他決定全心投入這項嗜好。他以一萬美元賣掉車子，將這筆錢存入自己的交易帳戶，接下來兩年，動盪的市場和次貸危機導致標普（S&P）500指數顯示總市值縮水一半，但這只會讓像邁克這種當沖客[15]感到興奮，他沉迷於那種有機會揭開市場走向謎團的感覺，他預測股市將在歐巴馬[16]當選總統後不久飆升，於是他把自己在低價股上賺到的數十萬美元投入一般股票市場。

但他錯了。

當歐巴馬在二〇〇九年一月二十日宣誓就職，邁克眼睜睜看著道瓊指數繼續暴跌，最終在三月五日跌至金融危機期間的6,594.44最低點。這比二〇〇七年十月創下的14,164.43歷史高點下降了50%，只比一九二九年引發大蕭條的破紀錄崩盤差了3%跌幅。邁克眼看就要失敗，他的交易帳戶被清空了。

但邁克重新整頓，湊了幾百美元放回帳戶，只是這次他改變投資組合策略，以便在市場**貶值**時獲利，換句話說，他打算做空股票[17]。這是一種高風險策略，他借來一支股票的股份，然後把它賣出，並承諾稍後把它回購並歸還給借券商。如果股價下跌，他會在轉售中賺錢，但如果股價上漲，他將被迫回購股份，並承擔巨額損失。這正是電影《大賣空》（*The Big Short*）裡的投資人Michael Burry和Mark Baum在二〇〇七年用來做空房市的伎倆。當時，房地產市場被認為是美國金融界最安全的賭注之一，因此押它下跌，既有風險也顯得愚蠢。當然，如今我們知道，他們的預測果然正確，也賺了一大筆。然而，邁克的預測卻錯了。美國政府透過「問題資產紓困計畫」（Troubled Asset Relief Program，TARP）注入經濟的

15 day trader，當日沖銷（簡稱當沖）是金融市場上的一種交易行為，是為了從當日證券或商品價格的波動中賺取利潤。

16 Barack Obama，一九六一～，第四十四任美國總統，也是首位擁有非裔血統的美國總統。

17 short selling，做空，也稱為放空，是指在金融交易中高賣低買，通過價格下跌來獲利。

七千億資金開始發揮作用，從四月初開始，市場出現反彈，而押市場崩盤的邁克則又一次輸得精光。

沮喪之餘，邁克放棄專職投資，在肯塔基州路易斯維爾市的路易王體育館工作了十年，最終成為排球和高爾夫培訓課程總監。他仍然涉足股市，押注在有機會讓他致富的長線股票，就在這時，他發現了「GameStop」。

那是二〇二〇年夏天，這家公司正苦苦掙扎：這是一家努力在一個由數位零售環境支配的市場中生存下去的實體電玩遊戲銷售商。幾乎已沒人再去像 GameStop 這樣的商場挑揀產品了，大家都直接從亞馬遜網站訂購，或者直接下載遊戲到他們的 PlayStation 主機。維德布什證券的電玩、數位媒體和電子產品分析師帕切特（Michael Pachter）形容 GameStop 有如融化中的冰塊。他在二〇二〇年一月告訴《商業內幕》，他估計該公司將在十年內結束營業。放空機構香櫞研究的知名投資者、專門從事賣空業務的萊夫特（Andrew Left）準確指出，GameStop 是一家「瀕臨倒閉的賣場零售商」，這也是為什麼他和許多投資者開始大量做空 GameStop 股票。就像二〇〇九年的邁克和二〇〇七年做空房地產市場的一小群人，這些專業人士決定利用 GameStop 即將崩潰的機會大賺一筆，起碼在表面上，這似乎很合理。

但邁克並不認為 GameStop 注定要破產，而且恰恰相反，他不僅確信 GameStop 是一家能活下去的公司，而且這些對沖基金經理持有的所有空頭頭寸[18]意味著它的股票可能會在所謂的軋空[19]行情中飆升。如果股價開始上漲，持有空頭頭寸的投資者會迅速拋售股票來減少損失。這種大規模拋售將導致股價上漲得更快，造成空頭擠壓[20]，讓一些趕在股票還不值錢時購入的聰明人大賺一筆。

邁克的直覺告訴他，一場軋空即將到來，他開始購買股票期權[21]，也就

18 short position，投資者因預料價格會下跌而賣出，或使賣出大於買入的行為。
19 short squeeze，做空投資人預期股價會下跌，但實際上股價卻大漲。
20 股票價格急劇上漲，當股票供不應求時，就會出現空頭擠壓。
21 stock options，又稱股票選擇權，是一種未來可以用特定價格買賣金融商品的交易憑證。

是一旦股票達到一定價格，他就會購入。一開始股票波動不大，期權到期，邁克的帳戶繼續一次次歸零。然後，在二〇二〇年末，邁克在另一支股票「Bionano Genics」大賺了一筆，讓他有了新的資金注入，並把這筆錢投入GameStop。不久後，就在二〇二一年一月，軋空開始了。一連串未必真實的混亂事件導致GameStop市值飆漲，包括Reddit網站「華爾街賭場」論壇的數百萬追蹤者，他們認定這家公司有過量的空頭頭寸，團結起來呼朋引伴買入它的股票。可想而知，此舉打擊了萊夫特這類投資人，在Reddit網民看來，這些人是在輕蔑地押注一家脆弱公司的滅亡，但此舉真的奏效了，眾所周知，GameStop股價暴漲到離譜的程度，從邁克剛購入時的每股四美元左右一路飆到了一月二十七日的三百四十七・五一美元高點。邁克把股票變現——

他賺了兩千五百萬美元。

我們該如何看待這件事？這裡頭的教訓並不是說，人要有聰明的腦袋和多年的股市研究經驗，才能正確預測股價為何以及何時會漲跌。邁克不可能知道 wallstreetbets 論壇有一群股市糾察隊正在計畫或者有能力在 GameStop 股票上製造這般歷史性的人為軋空，邁克的直覺談不上更預知能力。事實上，我們也看到了，說到股市投資，他誤判的時候還比較多，在 GameStop 上，他只是走運罷了。

來看另一個類似的故事，同樣和運氣有關，但主角出人意料。二〇一二年，英國的週日報紙《觀察家報》舉辦了一場比賽，參賽的三組是一群小學生、三名專業投資經理人和一隻名叫奧蘭多的家貓。每組各獲得五千英鎊（約合七千美元），用於投資富時全股（FTSE All-Share）指數的股票，並可以每三個月更換一次股票，一年後帳戶餘額最多的一組獲勝。奧蘭多的「選股」方式是把一隻玩具老鼠放進一個網格，上面的數字對應著他可以購買的股票。投資一年後，孩子們虧了錢，他們的帳戶剩下四千八百四十英鎊；投資經理人組是五千一百七十六英鎊；奧蘭多則以五千五百四十二英鎊勝出。

不同於孩子或投資經理人，貓根本搞不清狀況，儘管有些動物可以被教導用象徵物來換取獎勵，因而將隨機的價值賦予原本價值較低的物品，但「貨幣」，更不用說「股市」之類的抽象概念只存在於**智人**腦中。奧蘭多的選股技巧，只是研究人員製造隨機選股來證明觀點的聰明方法，這觀點就是：投資股市的人很可能只是向一塊板子射飛鏢，不管怎麼選擇優勝股，都只是投機罷了。

想到奧蘭多，我很好奇邁克．麥卡斯基爾會如何評價牠的選股本領，於是，二〇二一年三月，我打電話問他。我告訴他，我正在寫一本關於人類和動物智力的書，我把奧蘭多和投資經理人之爭的故事告訴他，並說看來在股票買賣上，運氣（而不是知識）似乎起著重大作用。令我驚訝的是，花了二十年時間研究股票市場並且賺了兩千五百萬美元的麥卡斯基爾說：「我同意，這事純屬運氣。」

邁克確實研究了GameStop，並推斷它將遭到軋空，但安德魯．萊夫特堅信軋空不可能發生。萊夫特錯了，早在二〇二〇年，分析師帕切特就確信GameStop將在年尾消失，儘管到了二〇二一年三月他改變論調，宣稱

GameStop「將繼續撐下去」，顯然其中一個預測是錯的。Reddit「華爾街賭場」論壇的網民們確信 GameStop 即將面臨軋空，這是正確的。但他們也確信，軋空將在一月二十日的三百四十七・五一美元高點之後繼續下去，並鼓勵大家持有該股。這就錯了，在邁克拋售股票並成為百萬富翁幾天後，GameStop 暴跌到五十美元以下。這點邁克也很幸運，他同意 Reddit 網民的觀點，即股價將會繼續攀升——也許會漲到每股一千美元以上，但他一時心血來潮，認為二千五百萬美元利潤已經足夠，於是在恰當時機拋售了他的持股，邁克由貧致富的故事建立在一連串隨機和幸運事件的基礎上。

「人天生喜歡秩序」，經濟學者墨基爾（Burton Malkiel）在他的開創性著作《漫步華爾街》（*A Random Walk Down Wall Street*）中寫道，「人們很難接受隨機性這個概念」。墨基爾使得一個觀念大為流行，那就是「市場上任何一支股票的波動本質上都是隨機的」，我們無從知道一支股票為何漲或跌，能在市場中穩當賺錢的人，是那些擁有多類型投資組合（如股票、債券、年金）的人，這些投資組合分散了風險，依循一個較廣泛的原則，也就是從長遠來看，市場最終會增值。挑選個股，或押在某些趨勢上，這比較接近賭博而非科學。因此，當我們發現一隻貓在華爾街和當日交易者一樣有可能大賺一筆，也不必太過驚訝。

終其職業生涯，邁克．麥卡斯基爾一直在問一個簡單問題：股價為何會上漲？這種想要理解**為什麼**的需求，正是邁克（和人類）異於非人類動物之處，這也是為什麼邁克的故事如此發人深省。當人類幼兒學會第一個單字，**為什麼**就開始了。我女兒曾問我：為什麼貓不會說話？問得好。我的整個研究生涯都在追尋答案。隨著年齡增長，我們並未停止問為什麼：為什麼我們還沒發現外星生命的跡象？為什麼人要殺人？為什麼人會死？人類這個物種是「為什麼專家」，是將我們的思維方式和其他動物區分開來的少數幾項認知特徵之一。

然而，這股了解因果關係的強烈渴望，不見得總能助我們一臂之力。正如邁克的投資故事揭示的，說到股價預測，問「為什麼」並沒有讓他、避險基金經理人或任何人占有優勢。儘管對股票波動一無所知，貓咪奧蘭多的決策系統也產生了類似結果，而且並不侷限於股票，世上到處都有能夠作出有效、有益決定的動物——其中幾乎沒有一個會思考世界為何會變成這樣。正如本章將提到的，身為人類以及「**為什麼專家**」擁有明顯的好處。但是，當我們觀察各種跨越時間和物種的決策方式，包括我們自己的，我建議我們考慮一個爭議性的前提：問**為什麼**有沒有為我們帶來優勢？答案似乎很明顯（有！），但我認為並非如此。為了回答這個問題，我們不妨想想這點：儘管人類可以深入掌握因果關係，然而在活動於地表的頭二十五萬年當中，我們幾乎不曾使用這項能力。從演化的角度來看，這讓我們對於**為什麼**的價值有了重大了解。

「為什麼」的起源

想像一下，我們身在熱氣球的吊籃裡，緩緩飄浮在大片覆蓋著連綿山丘的蔥綠森林的樹冠上方，俯瞰著肯亞（或者某天會被稱為肯亞的地方）

西部的巴林哥湖。這是一只穿越時空的熱氣球，我們已被傳送回二十四萬年前的中更新世（現在正式更名為千葉期）。時值黃昏，空氣凝重潮濕，標示著季風季的開始，在千葉期，這個地區比現在潮濕得多，使得巴林哥湖周邊一帶成為該地區最蒼翠繁茂、生機盎然的土地之一。從盆地上方幾百米的有利位置，我們可以看見四面八方的地面活動，太陽西下，兩支不同的動物族群正朝著林木線前進。

其中一群一眼就能辨認出來：黑猩猩，幾隻雌性帶著牠們的幼仔，一群體型較大的雄性在前方探路，隨著夜晚來臨，牠們可能會找一片樹林築巢，在那裡棲身過夜；另一個族群就更眼熟了，是一支在數量上與黑猩猩族群相當的現代人類——**智人**[22]。事實上，兩邊幾乎各方面都非常近似。帶著幼兒的雌性智人夥同一群負責偵查帶路的雄性朝森林前進，準備在那裡紮營過夜。人類和黑猩猩有著共同的類人猿祖先：七百萬年前活躍於非洲的**查德沙赫人**[23]。在外行人眼中，這種來自西非的古猿看起來大概很像黑猩猩，他的祖先將會演化分支，其中一支最終演化成現代黑猩猩，另一支則成為人類的親戚，包括南方古猿[24]和**直立人**[25]。你或許在自然歷史博物館或教科書上看過這些傢伙：著名的「人類起源」陣容，它已成為無數嘲諷模仿和迷因的基礎。在非洲待了七百萬年後，黑猩猩和人類的生活方式仍然和他們的古猿祖先非常相近，有著幾乎一致的生活型態。我們從化石紀錄中了解到，二十四萬年前人類和黑猩猩曾在東非大裂谷[26]的這個區域共存。

我之所以會把「時空穿越熱氣球」帶到這個特定地點，因為這裡是科學家目前認為的現代人類初次出現的地方，他們在可以想見的任何方面都

22 Homo sapien，意為「現代的、有智慧的人類」，分為早期智人和晚期智人兩個發展階段，另按人類發展階段，早期智人又可稱古人，晚期智人則為新人，此外還有已滅絕的亞種長者智人。

23 Saheleropus Tchadensis，又名「查德人猿」，是一種只有化石的猿，被稱為最古老的人屬祖先，是人類及黑猩猩的最近共同祖先。

24 Australopithecus，人科動物的一個已滅絕的人屬，體型介於黑猩猩和人之間，同屬之中最著名的是阿法南方古猿與非洲南方古猿，因為在未發現比南方古猿更古老的人屬化石以前，非洲種曾被視為是整個人屬（特別是直立人）的祖先。

25 Homo erectus，又稱為「直立猿人」，直立人已經能夠直立行走並且製造石器，是舊石器時代早期的人類，北京人、南京人、藍田人、元謀人和縣人等都屬於直立人。

26 Great Rift Valley，位於非洲東部，是一個在三千五百萬年前由非洲板塊的地殼運動所形成的地理奇觀，縱貫東非的大裂谷是世界上最大的斷裂帶，屬於生長邊界。

幾乎和你我一致，無論在身體或認知上。然而，他們的生活方式卻與活在二十一世紀的我們全然不同。就像他們睡在樹上的黑猩猩表親，這些早期人類在湖畔遊蕩，尋找漿果林和動物屍體；他們很可能赤裸身體，沒有珠寶、衣服，也沒有任何我們今天使用的藝術或象徵性飾品。然而，他們的裸體揭示了他們和黑猩猩的一些顯著差異：他們毛囊要少得多，皮膚外露得較多，作用是讓汗水迅速蒸發，並在頂著烈日漫遊時保持身體涼爽。此外人類的腿也比較長，腿部肌肉相對較多，這是為了適應我們走動（步行）生活方式的另一種變化。當然還有頭部，人類和黑猩猩頭部的前半部（臉部區域）非常相似，明顯的例外是下巴。人類有，但黑猩猩沒有。奇怪的是，在智人出現之前，歷史上沒有其他原人物種演化出下巴。值得注意的是，關於我們為何有下巴，科學家仍沒有明確解答。但真正驚人的是我們頭顱的後半部，人類的頭是圓的，看來就像一只飽滿的水球，這個特大的顱骨空間塞滿了腦組織，足足有我們黑猩猩近親的三倍大。

還有一些行為特徵將人類區隔開來。他們手持簡單的石器，從一頭死象身上切肉；一位年長女性人類協助一個孩子將一根木桿旋轉著鑽進老舊的乾燥原木以生火烹飪，用明確的人類語言音律給予孩子指示。另一方面，黑猩猩大多沉默不語，只有用石頭（不是鋒利的石刃）來敲碎堅果的，當然黑猩猩也沒有生火這種事，牠們沒有可以讓牠們創造這些東西的頭腦。直到今天，生火和製造石刃的能力仍然超出牠們的認知能力。

儘管有一些諸如「生火」和「製造刀刃」等突破的明顯認知差異，在千葉期的多數時候，早期人類和黑猩猩仍然相當類似。大約十二萬六千年前，在這個時期接近尾聲時，人類展開了赫赫有名的非洲出走之旅，靠著他們肌肉發達的雙腿一路到了歐洲，在那裡遇上尼安德塔人[27]和丹尼索瓦人[28]——這兩個原人物種是由一支比他們早兩百萬年前離開非洲的共同祖先在亞洲和歐洲演化而來的。和人類一樣，他們也使用火、長矛和石器，

27 Neanderthal，已滅絕的早期智人物種（或亞種），直至四萬年前仍生活在歐洲。

28 Denisovan，已滅絕、經由古人類化石的DNA所發現的人種，可能在更新世晚期生活於亞洲大陸，二〇〇八年在西伯利亞南部阿爾泰山丹尼索瓦洞的古遺址中發現。

而且很可能具有某種程度的語言能力。人類同時和這兩個物種交配和競爭，直到他們除了在我們的DNA中留有少許痕跡之外什麼都沒留下。接著，在我們初次的巴林哥湖熱氣球之旅過後約二十萬年，出現了一些早期證據，足以顯示人類祖先正在探問一些重大的、未來讓我們主宰這星球的**為什麼**問題，並以岩洞壁畫的形式出現。

大約四萬三千九百年前，一群生活在印尼蘇拉威西島的人類走進該島西南角的洞穴，開始畫畫。他們使用紅色顏料，並創造了一系列狩獵場景——人類用繩子和長矛追趕野豬，但畫中描繪的人類有些奇怪的地方：他們有著動物的頭。這些半人半獸的人形被稱為「therianthrope」（源自希臘語 thēríon/θηρίον 意為**野獸**，ánthrōpos/ἄνθρωπος 意為**人**）。幾千年後，一位歐洲人祖先雕刻了「獅人」小雕像：在德國巴登－符騰堡州附近的霍倫斯坦－斯塔德爾洞穴中發現的一個刻劃著帶有獅頭的半人半獸象牙小雕像。

人類祖先會在四萬年前花時間以半人半獸的形式創造藝術，其實只有一個原因：它象徵著某種東西。回顧過去幾千年藝術作品中的半人半獸，會發現它通常具有宗教象徵性：例如荷魯斯（埃及的鷹頭神），路西法（在基督教藝術中常被描繪成半人半山羊），或迦尼薩（印度的象頭神）。布魯姆（Adam Brumm）博士和他的研究團隊於二〇一七年發現蘇拉威西島半人半獸岩洞壁畫後告訴《紐約時報》，該島的半人半獸壁畫是「全世界已知最早可證明我們有能力想像超自然生物的存在的證據」。什麼是超自然生物？它是一種擁有人類無法企及的能力與知識的生物。有些專家認為，這些半獸人可能是精神嚮導，是提供我們協助、答案或建議的生物。既然如此，這就假定了我們的祖先經常問一些需要超自然答案的問題，而這些問題不外乎是那些支撐著所有宗教的問題：世界為何存在？我為何來到世上？我為什麼會死？這些遠古半獸人，正是足以顯示我們祖先是滿腦子疑問的「**為什麼專家**」的最佳證據。

在我們祖先雕刻出最早的半獸人之後不久，新技術的證據便開始出現在考古紀錄中，例如帽子。人類戴帽子的第一個證據來自兩萬五千年前的

「維倫多爾夫的維納斯」雕像，這是一座鮞狀[29]灰岩雕像，描繪了一個戴著珠子頭飾的女性形象。儘管我相信我們挖掘出哪些古代文物完全是靠運氣，但有趣的是，人類想像超自然現象的證據早於我們戴帽子。這顯示，比起下雨為何會淋濕頭，我們的祖先更關心「人為什麼會死」的問題。

在半獸人和帽子出現後，人類基於對因果關係的理解而創造東西的能力真正起飛了。大約兩萬三千年前的證據顯示，生活在現今以色列的一小群人已發現在小片農地種植、收穫野生大麥和燕麥的方法，並了解是什麼導致種子發芽，以及如何在整個生長季照顧它們，這是一大進展。如今我們精確的三餐規劃，正是我們在了解農作物習性的過程中，對因果關係產生理解的直接結果。對於重力等方面的初步概念，讓古羅馬人建造了巨大的渠道，可以把水輸送到遠方，甚至用唧筒[30]抽水到山上。當我們凝視一條河流，我們好奇（相當了不起）為什麼水會流動，並利用這問題的答案建造了古老的城市。

這些「為什麼」的問題是我們的許多最偉大發現的基礎：為什麼那顆

恆星每到春天總會在同一個位置？天文學也就此誕生；為什麼我一喝牛奶就拉肚子？這個或許曾讓微生物學之父巴斯德[31]徹夜難眠的問題帶來了「巴氏滅菌法」[32]的發現；為什麼當我赤腳走過地毯時，頭髮都豎了起來？如今我們知道這是一種被稱為「靜電」的現象；為什麼有那麼多不同的動植物物種？達爾文[33]對這問題有很好的回答（演化）。我們舉出的任何關於我們智力上的優越性，並將我們的行為和其他物種區隔開來的例子，都深深根植於這項技能。在人類智力閃耀的所有項目中，我們對因果關係的理解是其他一切的源頭。

這些都是非凡的壯舉，事實上，這種「為什麼專長」一旦展開，我們

29 沉積岩的一種結構，由圓形小球粒組成，外形呈顆粒狀，大小類似魚卵。

30 reciprocating pump，又名「幫浦」，透過活塞、柱塞或隔膜在泵缸內往復運動使缸內工作容積交替增大和縮小，來輸送液體或使之增壓的容積式泵。

31 Louis Pasteur，一八二二～一八九五，法國微生物學家、化學家，微生物學的奠基人之一。

32 pasteurization，又稱「低溫消毒法」或「冷殺菌法」。

33 Charles Darwin，一八〇九～一八八二，英國博物學家、地質學家和生物學家，其最著名的研究成果是「演化論」。

的故事便充斥著科學、藝術以及介於兩者間的各種偉大成就。但我們必須問：為什麼過了這麼久才開始？為什麼我們在二十萬年當中都**沒有**這麼做？

答案很簡單，不管我們的直覺說些什麼，身為一個「為什麼專家」其實沒什麼了不起。也許感覺起來很重要，但這種感覺是人類偏見在作祟。從演化論的角度來看，它實在沒什麼特別之處。事實上，所有動物，包括我們自己，沒問「為什麼」也安然過了很長一段時間，而現在是重新思考它相對重要性的時候了。雖然它產生了許多無可爭辯的好處（例如巴氏滅菌牛奶），但它也是我們即將滅絕的最可能原因。而在探索這個黑暗話題之前，讓我們先來了解一下，「為什麼專家」和其他動物看待世界的方式有何不同？

灌木叢後的熊

去年秋天，我和朋友安卓雅和她的狗露西在一大片泛黃的楓樹蔭下散步，突然，我們腳下的地面傳出的深沉的「轟」一聲，打破了森林的寂靜。在小徑前方，一棵赤楊的樹葉沙沙作響，我們呆立不動，擔心可能有熊潛伏在附近。我走過去查看，發現不是熊，而是一棵枯死已久的樹木的一根大樹枝，八成是從坡上滾下來好幾呎，然後撞上赤楊樹，發出讓我們三個都嚇一大跳的聲響。

這種場面是動物們數百萬年來一直在應對的，「物競天擇」就建立在動物無數次聽見突發的聲響、確定它的含義，並且決定「如何反應」的基礎之上。對於像科摩多龍（一種已知會吃人的巨大印尼蜥蜴）這樣的頂端獵食者來說，樹叢中的偶發聲響或許會引發好奇，因為那可能是可以吃的東西；對於像松鼠這樣的獵物物種來說，突發的聲響意義可能恰恰相反：是會讓牠朝著反方向逃走的潛在獵食者或威脅。

動物只有兩種方法可以理解突發聲響的意義。第一種是透過**聯想**而**學到**，樹叢後面的巨大聲響往往伴隨著某種生物的出現；第二種是**推測**聲響是由某種生物所**引起**。聽來很微妙，但這當中的差異（學習得來的聯想以及因果推理之間）正是非人類動物思維的結束，也是成為「為什麼」專家的開端。

想想穴居草原袋鼠，這種來自西澳洲的奇特小型有袋類動物，看來就像有著老鼠臉、粗大的老鼠尾巴和圓胖松鼠身體的微型袋鼠。牠們曾是澳洲數量最多的哺乳動物之一，如今只剩一萬九千隻。這種草原袋鼠的瀕臨滅絕是由於歐洲移居者引入了非本土野生動物，包括危害極大的家貓和紅狐。要知道，穴居草原袋鼠天生對貓或狐狸沒什麼恐懼感，大多數小型有袋類動物都懂得逃命，穴居草原袋鼠卻只是滿不在乎地站在那裡。果不其然，這讓牠們成了容易到手的獵物。在最近一項實驗中，研究人員比較了接觸過貓形獵食者以及初次遇見貓形獵食者的穴居草原袋鼠的行為，你大概也料到了，接觸過貓形獵食者的穴居草原袋鼠會逃之夭夭，而從未遇過貓的穴居草原袋鼠則認為沒有理由逃跑。換句話說，穴居草原袋鼠需要透過學習才能了解貓和狐狸很危險。因此，該地區的環保人士一直在積極教導穴居草原袋鼠要害怕貓和狐狸，好讓牠們可以被放回野外，藉以維護牠們的物種免於滅絕。但這並不容易，缺乏出於本能的恐懼，每隻穴居草原袋鼠都必須親身體驗危險，才能學會正確的聯想。換句話說，「自我保護」必須透過經驗來傳授。

另一方面，人類可以略過這個過程，不必然需要親身體驗就能學習。人類的「為什麼專家」思維給了我們像穴居草原袋鼠這類動物所欠缺的兩種認知技能：「想像力」以及「對因果關係的理解」。人類能夠在腦海中經歷一種，靈長類研究人員維薩爾貝吉（Elisabetta Visalberghi）和托瑪塞羅（Michael Tomasello）所說的，無限的「可能性之網」，為我們感官所接收的一切尋求解釋。比較心理學者薩登朵夫（Thomas Suddendorf）在其著作《鴻溝：關於人之所以異於動物的科學》（*The Gap: The Science of What Separates Us from Other Animals*）中將這種想像技能描述為「創造多個互相套疊的心理場景的開放式能力」，認為這種特殊能力，是人類和動物理解世界的方式的根本差異。在我之前分享的例子中，我能夠想像我以往在森林中散步時看到的各種動物，例如在赤揚木後面到處翻土、發出怪聲的豪豬或臭鼬，然後根據聲音大小得出結論「那必定是一隻熊」。但我也想像得出一些我從未經歷過，但抽象地理解的事物（例如我在科幻小說或奇幻系列讀到的東西），就這點而言，那可以是任何東西，也許是一顆隕石從天而降，落在灌木叢後面。這種富於想像的知識，就是哲學家米利肯（Ruth Garrett Millikan）所說的「死知識」，這都是一些動物在日常生活中用不到的、關於這世界的東西。根據米利肯的說法，非人類動物「通常對那些和實際活動沒有直接關係的知識不感興趣，牠們不會表現或記住死知識」，動物會積累和牠們的日常生活相關的各種生活知識：蜜蜂會記得一片美好蒲公英田的位置；狗會記得樹林中通往牠們最愛池塘的小徑，烏鴉會記得在公園餵過牠的人。但人類卻會積累大量看似無用的知識（即「死知識」）：到月球的距離（三十八萬四千四百公里），星戰電影系列裡的路克天行者的父親達斯．維達的真實身分，或者基努．李維主演了寶拉阿巴杜的哪一支MV（答案是《*Rush Rush*》）。我們腦中充滿無用的知識——真實和想像的皆有。其中大部分對我們永遠不會有任何用處，卻是我們的

「為什麼專家」天性的命脈，因為它們幫助我們想像出無數辦法，來解決我們遇上的任何問題，無論結果如何。

成為「為什麼專家」的第二個要素，是對因果關係的理解。因果關係不單是知道兩個事件之間存在關聯（例如，每當我的貓離開貓砂箱就會留下新的糞便），而是理解一個事件是另一個事件的成因（即，貓一直在製造糞便），它使我們能更全面地了解自然界中的事物是如何運作的。

關於其他動物是否有能力進行這類因果推理的爭論由來已久，有一個旨在探索因果推理存在的著名實驗，名為「拉繩範式」（string-pulling paradigm），已在一百六十多種動物身上進行測試。實驗是這樣進行的：把一塊食物吊在從樹枝或平臺垂下的一根長繩子上，為了靠近食物，動物必須拖動繩子。換作是你我，應該會一手抓住繩子，把它拉過來，然後在距離夠近時用另一手去抓食物。原則是，你必須先穩住繩子，然後才能拿到食物。以鳥類研究與著作聞名的生物學家海恩利許（Bernd Heinrich）用渡鴉做這個實驗，牠們很快就破解了，牠們會把細繩往上拉一小段，用一腳踩住，然後繼續拉起更多繩子。牠們並非經由多次嘗試和挫敗才得出這個辦法，而是若有所思地盯著繩子幾秒鐘，然後審慎地行動，一邊拉一邊踩踏，直到食物到手。這顯示牠們理解問題的性質以及其中的因果關係（即，重力會將東西往下拉，踩在繩子上能把它固定住）。海恩利許總結，「在執行之前先**了解狀況**似乎是對此結果最簡單的解釋。」換句話說，那些渡鴉首先考慮了問題的本質，然後在腦中將各種解決方案想了一輪，然後執行並實現了目標。這是否證明，在較小程度上，渡鴉和我們一樣是「為什麼專家」？許多研究人員認為確實如此。

然而，一支研究小組在新喀里多尼亞烏鴉（通常是這項任務的高手）身上進行了拉繩實驗的變異版，挑戰了這一結論。研究人員讓繩子穿過木板的小洞垂下，讓烏鴉在拉繩子時很難看見實際狀況，當烏鴉初次遇到這個繩子難題，和海恩利許的渡鴉一樣，牠們似乎明白必須先拉繩子才能得到食物。但拉了一次繩子卻看不到食物靠近，牠們就不拉了。少了食物接近的視覺反饋，牠們似乎突然無法理解狀況。實驗發起人總結：「我們的實踐結果提出了一種可能性，即拉繩動作是基於一種由『知覺－運動』回饋循環所傳遞的操作制約，而不是基於對繩子『連通性』的『洞察』或因果知識。」換句話說，烏鴉對眼前的狀況沒有因果關係方面的理解——那只是學習而得的聯想（拉繩子＝食物更近），但因為牠們什麼都看不見，因此無法學習。科學家們仍在爭論這一百六十個動物實驗的結果，有些人確信動物理解因果關係，有些人確信牠們不理解，還有許多人堅信這些實驗設計不良，根本不足以讓我們深入觀察動物的因果推理問題。

多數時候，動物是否理解因果關係並不重要，牠仍然可以作出好的（或糟糕的）決定。如果一隻狗（像是露西）聽見灌木叢後面突然傳出聲響，而且也了解到樹林中的突發聲響往往和熊等獵食者的存在有關，她會作出「小心靠近」這個正確決定。另一方面，如果我聽到一個聲音，並且開始檢視各種潛在原因（例如隕石、熊、從動物園逃跑的科摩多龍），最終我也會作出同樣有效的決定（小心靠近）。我和露西的認知路徑完全不同，卻都能作出相同的推理（也就是，得出關於現狀的結論）：我透過因果推理，露西透過「學習而得的聯想」這個很好的老方法。

有個你可以在自己愛犬身上做的實驗，來展現牠們的推理能力，以及這種能力是如何在不需要理解因果關係的情形下，對牠們產生極大用處。先拿一塊狗零食，把它塞進你的鞋裡。先把鞋子搖晃幾下，然後讓狗將鼻子探進去找食物。接著，在狗看不到的情況下，抓起兩隻鞋，只在其中一隻鞋裡塞進一塊零食，讓狗看著你同時搖晃兩隻鞋，然後把它們舉到狗前面。很可能狗第一次嘗試就能找到零食。為什麼？因為牠們聽見一隻鞋子發出聲響（零食在裡頭翻滾），另一隻沒有。這叫「診斷推理」（diagnostic inference），這是一種進階的「學習而得的聯想」，狗已經發現聲音和零食是緊密相關的。然而，重要的是要知道，狗並不了解聲音是零食**造成**的，這屬於因果推理，但狗並不需要它，牠還是找到了零食。

可想而知，診斷推理有它的侷限性。這是一個我們的因果推理能力超越其他動物的例子。想像我拿著兩隻鞋，一隻裝滿 florp（一種類似迷你棉花糖的糖果），另一隻裝滿了 blooper（小金屬球）；我給你看一張 florp

和一張blooper的照片。就算你從來沒見過florp或bloope（除了照片，你對它們一無所知），可是我一搖晃鞋子，你就會知道哪一隻鞋子裝了blooper：那隻鞋子會發出較大的聲響。這是因為你了解物體較深層次的因果屬性，比起堅硬的物體，軟的物體所產生的聲響較小，但狗做不到這一點：牠們會需要這些物體發出的不同聲音的例子，才能產生學習聯想。

顯然，診斷推理和基本的學習聯想只能讓動物走到這裡。如果沒有對潛在因果關係的理解（或興趣）動物永遠不會問一些為**智人**帶來各種成就，如火、農業、粒子加速器等等……的為什麼問題。很明顯，多虧了我們的思維，人類無論在基本（例如聲音是什麼東西引起的）或複雜的（例如了解病毒會導致疾病）生存技能方面，都比其他動物擁有更大優勢。我們有能力在有助於我們尋求因果理解的無限的可能性，以及死知識網絡中逡巡。但這讓我們回到最初的難題：既然因果理解相對於其他思維方式具有如此明顯的優勢，為什麼我們人類花了二十萬年，才開始使用這種能力來開啟現代文明的傳播？答案是：身為「為什麼專家」，有時候會把我們這個物種帶往意想不到的、對我們物種來說極為糟糕（就演化而言）的荒謬境地，以至於你會懷疑，也許實際上我們還不如只靠學習聯想來得好些。

雞屁股療法

想像我們回到時空穿越熱氣球上，這次造訪的是十萬年前的巴林哥湖。我們在湖畔一個建立了一段時間的營地找到一個群體。從我們的位置，我們目睹了一樁不幸但相當常見的事件：一個小男孩剛被一條非洲最致命的鼓腹毒蛇，咬傷了小腿，如果不治療，他很有可能會死亡。幸運的是，一個大人正帶著好幾支一種叫做象腿蕉（ensete）——又叫假香蕉，有著闊棕櫚葉的巨大植物的莖衝過來。當她把莖折成兩半，樹液湧出，她迅速把它抹到蛇咬的傷口上。這種植物雖然遠不如現代的抗蛇毒血清有效，但它有止痛和防腐作用（肯亞當地人至今仍然用它來治療蛇咬傷）。這個史前人類是如何知道這方法的？我們的古老植物醫學知識是以學習聯想結合因果推理作為基礎的，或許曾經有那麼一位巴林哥人的遠古親戚在叢林中狩獵時割傷了手臂，隨意抓起幾片假香蕉的葉子來止血。幾天後，他們或許發現他們的傷口癒合得比平常快。他們或許會自問：為什麼？這將使得他們得出「樹葉中含有某種有助於傷口癒合的物質」的結論。這項知識（透過語言和文化）流傳了數千年，形成一種救了小男孩一命的絕佳蛇咬傷療法。

顯然，因果推理是我們祖先的「為什麼專家」彈藥庫中的一個強大工具，但這並不表示它一直都有被正確使用。有時候，我們尋找因果關係的需求所產生的問題比它解決的還要多，它會在沒有因果關係的地方，製造存在因果關係的錯覺。

為了說明這點，讓我們再乘一次熱氣球，這次我們來看看大約西元一千年左右的中世紀的威爾斯。我們飄浮在綿延起伏的綠色山丘上方，俯瞰著愛爾蘭海，那裡有一群人類住在小村莊裡，再過一世紀，將會有一位盎格魯－諾曼[34]男爵在這裡建造一座堡壘，引發一連串事件，最終導致迷人的海濱小鎮亞伯里斯威斯的建立。但就目前而言，這只是一個住著講威爾斯語的當地人的小村子，他們遇上了和前面史前部落類似的問題。一個小男孩（村長的兒子）在茂密的草叢中玩耍時，被一條歐洲蝰蛇咬了一口，雖然毒性不如鼓腹毒蛇，但如果不治療的話，對孩子來說仍然很致命，幸運的是，村中有一位醫療師。

男孩的母親帶他到了醫療師家裡，摟著孩子的頭，毒液導致他小腿上的傷口腫了起來。醫療師帶著一隻他從雞舍抱來的雄雞，匆匆趕到男孩身邊。他拔下幾根尾羽，露出皮膚，將裸露的雄雞屁股按壓在男孩的蛇咬傷口上，保持這姿勢一個多小時後，他宣布男孩痊癒了，於是男孩被帶回家，幾小時後他死了：雄雞幾乎沒有效果，男孩因為蛇毒而心臟驟停。這種療法（用雄雞屁股摩擦蛇咬傷口）是當時在全歐廣被接受的一種治療蛇咬傷的醫療解方。一篇寫於十四世紀末、來自威爾斯的醫學文稿提供了明確準則：「治療蛇咬傷，如果（被咬傷者）是男人，取一隻活雄雞，將牠的屁股貼在傷口上，靜待片刻，便可見效；如果是女人，用同樣方法取一隻活母雞，即可去除毒素。」

同一篇中世紀威爾斯手稿還包括其他醫療法，例如將公羊尿、鰻魚膽汁和白蠟樹汁的混合物塞進耳朵來治療耳聾。要去除惡性腫瘤，可以用羊糞、大麥粉連同酒一起燒開，然後擦在腫瘤上。此外，也不必擔心被蜘蛛螫而致死；蜘蛛只在九月至二月間才有危險性，如果你在這段期間被螫傷，只需把幾隻死蒼蠅碾碎，塗抹在傷處，就沒事了。對現代讀者來說，這一切聽來或許荒謬，但偶爾（無論是誤打誤撞，或者恰巧用對了因果推論）中世紀的醫療也能奏效，有時甚至比現代醫療更好。科學家們最近在《巴德醫書》（*Bald's Leechbook*）——一本九世紀的醫書——當中發現一種潛在療法，一種以洋蔥、韭蔥、大蒜和乳牛膽汁調製的軟膏，能治療具有抗生素抗藥性的超級細菌MRSA。

整個醫學史，就是不斷運作的因果推理過程：特定時間與地點的專家

34 盎格魯－諾曼人於十二世紀末入侵愛爾蘭。

團體致力於研究疾病的起因，以及人們如何、為何死於各種創傷，不光尋找相關性，也尋找因果關係。這帶來了一種被稱為**體液說**[35]的精巧理論的發展——如今它已被掃進歷史的垃圾桶。如果你從沒聽說過，別擔心。今天活著的人幾乎沒人會想到它，這不是沒有理由的。

然而，近兩千年當中，體液說一直是歐洲的主要醫學範式。西方文明就建立在這個如今早已失效、不足採信的醫療體系的基礎上。十九世紀前，西方歷史上的任何著名人物——凱撒大帝[36]、聖女貞德[37]、查理曼大帝[38]、亞奎丹的艾莉諾[39]、拿破侖[40]——都知道也同時相信著體液說。

體液說最早出現在西元前五百年左右的古希臘，**體液**一詞是希臘字χυμός的譯文，字面意思是**汁液**。對這個觀念的普及最相關的是古希臘醫師希波克拉底（以「醫師誓詞」聞名），他描述說：

「人體含有血液、黏液、黃膽汁和黑膽汁，這些都是構成體質、造成身體疼痛和健康的東西。健康主要是指這些組成物質在強度和數量上互成正確比例，並充分融合的狀態，當其中一種物質呈現不足或過剩，或在體內分離而不與其他物質融合，就會產生病痛。」

在我們搭時空穿越熱氣球造訪的威爾斯年代，是西元二世紀末、三世紀初的希臘醫師蓋倫[41]和十世紀波斯醫師兼博學者阿維森納[42]闡述了這些觀念，創造了在當時算是時髦的體液說。體液中的失衡說明了疾病是如何產

35 Humorism，起源於古希臘的醫學理論，認為人體是由血液、黏液、黃膽汁和黑膽汁四種體液構成，這四種體液對應到四種元素、四種氣質。

36 Gaius Julius Caesar，西元前一〇〇～西元前四四，羅馬共和國末期的軍事統帥、政治家，是羅馬共和國體制轉向羅馬帝國的關鍵人物。

37 Jeanne d’Arc，一四一二～一四三一，法國的軍事家，天主教聖人，法國的民族英雄。在英法百年戰爭中她帶領法蘭西王國軍隊對抗英格蘭王國軍隊的入侵，最後被捕並被處以火刑。

38 Charlemagne，七六八～八一四，法蘭克國家加洛林王朝的第二代君王，歐洲中世紀最具代表性的人物。

39 Eleanor of Aquitaine，一一二二～一二〇四，法國西部最大的公爵領地阿奎丹公國的統治者威廉十世公爵 (William X, Duke of Aquitaine) 的長女，為當時西歐最富有也最有權力的女性。

40 Napoleon Bonaparte，一七六九～一八二一，法國軍事家、政治家與法學家，「法國人的皇帝」，在法國大革命末期和法國大革命戰爭中達到權力巔峰。

41 Claudius Galenus，一二九～二一六，古羅馬的醫學家及哲學家，見解和理論是歐洲起支配性的醫學理論長達一千年之久，影響所及包括解剖學、生理學、病理學、藥理學及神經內科，在醫學領域以外的影響有哲學及邏輯。

42 Avicenna，九八〇～一〇三七，又稱「伊本・西那」，阿拉伯最有名的醫學家和亞里士多德學派的哲學大師。

生的，體液本身（血液、黏液、黃膽汁和黑膽汁）由四個對立性質組成：冷、熱、乾、濕。黃膽汁乾熱，血液濕熱，黏液濕冷，黑膽汁乾冷，這四個對立性質促成了宇宙萬物的構成，包括風、火、水、土四元素，例如火是乾熱，水是濕冷。醫生可以利用這些對立力量的知識來治療任何病痛，發燒的人是因為太過乾熱，讓他的體液亂了套（也就是產生大量黃膽汁），因此，治療發燒需要讓病人接觸濕冷的東西（例如萵苣）來恢復體液的平衡。

對於用雄雞解決蛇咬傷的解釋就是來自體液說，儘管這篇威爾斯手稿並未詳細說明，然而其想法是，將雄雞的屁股壓住蛇咬傷口，能將毒液從人體吸出來，轉移到雄雞身上。當然，這種理解正是因為「體液失衡」和「四對立性質」的神奇組合而發生的。

體液說是一個全然建立在因果推理基礎之上、極盡繁複的醫學體系，關於各種傷病關係到人體內負責調節血液、膽汁等生物學的許多物質產生變化和問題的這個事實，那些醫生是正確的。他們只是搞錯了因果關係的機制，而體液說最終在十九世紀中期被現代醫學取代。現代醫學誕生於科學方法，這方法結合了一種，對於找出相關性和因果關係間差異，至為重要的技術：「臨床試驗」。有了它，你便可以就因果關係（例如雄雞屁股摩擦傷口致使毒液離開身體）進行推理，並且加以查證。例如，你可以給一百名被蛇咬傷的患者進行雄雞屁股治療，給一百名患者施行安慰療法（例如用大蒜麵包摩擦傷口），一百名患者不實施治療。如果檢視結果，發現三組人的治癒率是一樣的，你就知道雄雞屁股（和麵包）其實並不能治癒蛇咬傷口。由此作為起點，你可以測試體液說的所有基本假設，直到你最終發現，關於體液如何發揮作用的推論一直都是錯的。

當然，科學方法和臨床試驗並不**總能**產生準確結果。有很長一段時間，科學方法讓我們相信胃潰瘍的原因是壓力，直到一九八四年，馬歇爾[43]和華倫[44]證明了幽門螺旋桿菌才是胃潰瘍的根本原因。馬歇爾從

43 Barry J. Marshall，一九五一～，西澳大學臨床微生物學教授。

44 J. Robin Warren，一九三七～，澳洲病理學者，於二〇〇五年和巴利・馬歇爾同獲諾貝爾醫學獎。

一位胃炎患者的胃裡抽出一些細菌，把它摻入一杯肉湯然後喝下，三天後，他得了胃炎，因此發現了這點，證明這種細菌是病因。遺憾的是，科學方法需要時間才能查明真實現象，這也使得我們的「為什麼專家」渴望能夠在這期間製造出一大堆類似體液說的蹩腳答案。這些拙劣的答案，不光會給較大的「為什麼」問題帶來麻煩，有時它們實在是太糟，讓你不由得懷疑，身為「為什麼專家」會不會是搞垮我們這個物種的最後一擊。

「為什麼」專家很特別嗎？

從人類在巴林哥湖畔突然出現的那一刻起，我們就有了「為什麼專家」的能力，但在大部分史前時期，這並沒有多大意義。史前十萬年，我們的人口數量和黑猩猩是一樣的。在原始人類的演化上，直到最近（即四萬年前），像農業（我們理解了植物為何會生長的成果）之類的技術進展才讓我們得以定居下來，並世世代代將人口數量擴展到了使我們走上稱霸全球之路的水平。一方面，這證明了，比起我們的非「為什麼專家」黑猩猩表親，身為「為什麼專家」讓我們的物種繁衍到了荒謬的程度。

但是，回答我們人類的思維方式（建立在發問專長基礎之上的智力）實際上是特殊、異常或甚至優秀的這個問題，究竟有什麼意義？史前十萬年時，黑猩猩和人類在巴林哥湖畔和睦共存，有著相似的文明水平，這一事實顯示，身為「為什麼專家」打一開始就不是演化上的勝利。事實上，就我們知道的非人類物種的成功來看，顯然動物不需要問事情為何發生，便能作出極為有利的決定，而且事實上，有時對因果關係的理解，還不如那些單純思考萬物的方式（例如聯想學習）。

認知行為學者施洛伊格（Christian Schloegl）和費雪（Julia Fischer）在他們對動物因果推理的廣泛評論文章的最後幾頁作出結論：「從演化的角度來看，動物是否能推理、聯想或表達先天行為並不重要，只要牠能達成任務。」完全贊成。根據各方說法，非人類動物雖然對因果關係欠缺深入理解，在世上卻混得相當不錯。

例如，人類絕不是唯一發現植物可以作為藥物的物種，許多物種也透過聯想學習得出了同樣結論。非洲有一種植物叫苦葉（學名扁桃斑鳩菊），是一種菊科植物，現代人會用來緩解瘧疾癥狀以及胃部不適、腸道寄生蟲。人們曾觀察到黑猩猩採集這種植物，剝去牠的葉子和樹皮，咀嚼它的苦髓。那不是牠們常吃的植物，對黑猩猩來說，它的味道嘗起來可能和人類品嘗時一樣噁心。科學家們確定，只有當黑猩猩的腸道寄生蟲數量較高時，牠們才會從事這種行為，它似乎確實可以在攝入後降低牠們的寄生蟲數量。牠們學會了把「吃這種植物」以及「緩解腸道痙攣」連結在一起，但更重要的是，這些黑猩猩很可能並不在乎這方法為何會奏效，而只在乎它確實有效。黑猩猩和許多別的物種，從吃黏土來緩解胃部不適的鳥類，一直到吃樹皮來誘導分娩的大象，只透過學習聯想而不是因果推理，便能找到自我治療的方法。

有個問題可以說明聯想學習的力量：如果你懷疑自己得了乳癌，你會讓誰來判讀你的乳房 X 光片？一個有三十年癌症診斷經驗的放射科醫生？或者一隻鴿子？如果你疼惜自己的生命，聽到我說選擇鴿子，你會不會覺得訝異？但聯想學習力加上視覺敏銳度，使得牠們在發現癌症方面比放射科醫生更具優勢。事實上有一項研究對此進行了測試，結果相當驚人。

研究人員使用一種名為「傳統制約」（classical conditioning）的乏味舊聯想學習形式，訓練鴿子去啄乳癌組織的圖片，鴿子們連著幾天學習目測癌症組織和非癌症組織的差異，接著對一組全新的乳房組織圖像進行診斷。牠們準確識別癌組織的機率高達八成五；如果集中所有四隻鳥的反應，牠們的準確率更躍升至九成九。這群啄癌的鴿子比執行相同任務的人類放射科醫生表現更好。

和人類一樣，鴿子擁有視覺敏銳度和感知機制，能夠觀察癌組織和良性組織之間的細節差異，也擁有認知能力，可以將這兩種組織歸入不同的概念類別。在這類任務中，身為「為什麼專家」並沒有給人類帶來優勢，因為鴿子只憑著敏銳的視覺系統和基本的聯想學習，便在發現癌症組織方面勝過放射科醫生。

但真正讓人質疑身為「為什麼專家」的獨特性和整體好處的，是它的負面結果，試想，當人類（對比黑猩猩）在使用苦葉治療腹痛的情況下處理因果關係的問題時，可能會產生什麼不良後果？這很容易想像一種情境，在其中人類問**為什麼**的能力，例如問「為什麼我吃了苦葉會感覺舒服些？」，可能將我們導向黑暗的道路。人可能會得出結論，這種植物含有仁慈上帝賦予的超自然屬性，接著這種植物可能會在社會上占有神聖地位，並被用於儀式中，以提取它的神奇特質。也許它會被用在特殊儀式中，濃縮成濃肉湯，餵給新生嬰兒，讓他們終其一生擁有超自然的韌性。結果，許多嬰兒會死於這一儀式，被植物中的濃縮毒素害死了。

我們這個物種的歷史上，充滿這種對於「為什麼」的拙劣答案。關於世界各地區的人類為何看起來不同（例如膚色深淺、身材高矮、鼻子眼睛的形狀各異）的問題，根據十九世紀美國醫生莫頓[45]的觀點，是因為「多重起源論」，這種觀點認為：不同的現代人類群體要嘛是從不同血統的原始人類演化而來，要嘛是由上帝分別創造的。根據莫頓的說法，無論哪一種，都可以透過觀察這些群體（他將之歸為五個人種）的頭骨來看出他們的差異，白人的頭骨最大最圓，因此含有最多的大腦材料，顯然也是最聰明的。我有沒有提過莫頓是白人？在他那本惡名昭彰的著作《美洲頭骨》（*Crania Americana*）中，他將「高加索人種」[46]描述為「以其達到最高智性天賦的能力著稱」。如今我們知道，這個論點的基本前提就是錯的，因為頭骨大小（以及大腦大小）和智力之間沒有關聯。許多人的大腦被切除一半，或者因為水腦症，顱骨中的液體使得大腦縮小到只剩正常人的一小部分，但仍然可以過著完全正常的生活，甚至擁有完全正常的智商。對人類來說，大腦大小和認知能力是脫鉤的，如同後面章節將會提到的，我們有充分理由相信，動物大腦的大小也和智力毫不相干。正是這種種族歧視（科學種

45 Samuel George Morton，一七九九～一八五一，美國醫師、自然科學家、作家，他反對《聖經》中的單一創造故事「一元論」，支持多種族創造理論「多起源論」。

46 Caucasian race，或稱「歐羅巴人種」，外型膚色偏白，並擁有褐色或栗色毛髮；另外還有近乎球狀的頭形，但在歷史上，已被認為是一個過時的生物分類階元人種劃分。

族歧視）助長了美國的奴隸制，以及數世紀來給數百萬人帶來無盡苦難的白人優越主義，而這一切都源於對一個原本單純的「為什麼」問題的拙劣（而且錯得離譜）回答。

更糟的是，我們物種的未來正受到對於「為什麼」問題，出於無心的拙劣回答的威脅。內燃機是一項了不起的技術，它使我們能製造出可以轉動車輛傳動軸的小爆炸，進而推動輪子或噴射式渦輪之類的東西。它是從對一個問題（為什麼熱和壓力會導致物體移動）的回答得出的。遺憾的是，用來燃燒產生這些小爆炸的燃料（如木頭、煤、汽油）會釋放二氧化碳到大氣中，在其中吸收並散發熱。由於在過去一世紀當中運轉的內燃機高達數百萬臺，太多額外的二氧化碳被釋放到大氣層中，導致地球迅速暖化，而這種情況就如同氣候科學家長久以來警示的，很糟，太糟了，甚至逐漸裂解我們的社會結構，而且，根據全球挑戰基金會[47]的說法，有十分之一的機率，它會導致人類在一世紀內滅絕。所以說，沒錯，黑猩猩無法製造石刀或內燃機，因為牠們缺乏像人類一樣提出「為什麼」問題的能力，但從演化角度來看，牠們也不會搬石頭砸自己的腳。

人類的因果推理能力在演化上的地位尚無定論，人類物種的未來將如何受到我們「為什麼專家」天性的影響，這點還有待觀察。對於我們給自己製造的生存威脅（如氣候變遷）的解決方案，也將源自最初製造它們的因果推理認知系統。解決方案會不會及時到來，或者我們的「為什麼專家」天性是否已宣判所有人類的滅亡，沒人知道答案。

總之，要成為成功的物種，你根本不需要擁有「為什麼專家」對因果關係的理解（確實如此，它甚至可能阻礙物種的成功）。你也不需要了解因果關係就能成為百萬當沖客。邁克・麥卡斯基爾花了二十年時間，根據他對股市因果關係的深思熟慮，作出各種股票買賣決定，但這充其量只是貓咪奧蘭多也會做的隨機賭博罷了。「我父親說我只是在賭博，」邁克對我說：「要是我正常交易，早就致富了。」

47 Global Challenges Foundation，創立於二〇一二年，致力於加深公眾對於全球性風險的理解，並呼籲大家採取行動應對此類風險。

如果你願意，你可以運用你的「為什麼專家」推理能力，來挑選投資組合的股票和債券，或者你也可以讓你的貓替你挑選。你的「為什麼專家」天賦使得你比你的貓聰明的錯覺，只不過是：一種錯覺。

Chapter

2

要誠實

說謊的力量與陷阱

那麼何謂真理？大量不斷變動的隱喻、轉喻和擬人論：簡言之，人類關係的總和，被詩意地、矯飾地加以強化、轉移和渲染，且在長期使用之後，對人們似乎成了固定、權威性而具有約束力的東西。真理是幻覺，而我們卻信以為真。

——尼采——

莎莉．格林伍德初次見到羅素．奧克斯是二〇〇四年在他位於英格蘭史坦迪希村的整骨診所，那裡距離她位在福姆比海灘附近的美麗馬場只有一小段車程。

整骨醫生操縱患者的關節和肌肉來治療損傷和疾病，這正是奧克斯為了減輕格林伍德的背痛的做法。在他們的一次療程中，奧克斯透露了驚人的一件事：對人類有效的整骨療法也可以輕易應用於動物。格林伍德對奧克斯的說法很感興趣，於是邀他到農場為她的馬匹進行治療，結果大為成功，不久後，奧克斯開始為格林伍德工作，正式擔任她的馬「後衛」。

他們相識不到兩年後，格林伍德得知奧克斯獲得了獸醫學位，並在皇家獸醫學院[48]登記有名。他告訴她，由於他之前的整骨術訓練，他很快就獲得了學位。她提議讓奧克斯在她的農場外經營新的獸醫診所，他也欣然去做了——於二〇〇六年成立了福姆比馬獸醫診所。格林伍德對他的技能、知識以及他所說的「天賦」印象深刻。診所開業後不久，他挽救了她一匹馬的視力，並正確診斷出她一匹昂貴的馬場馬術[49]馬的腿部問題。

但並非人人都表示欽佩，當時附近的蘭開夏郡拉福德獸醫團體的一名馬獸醫米勒（Seamus Miller）對奧克斯獲得證書的速度感到疑惑。身為全職整骨師，他怎麼可能同時上獸醫學校？「這人在獸醫界享有史坦迪希整骨師的名號，」米勒告訴《利物浦迴聲報》，「他突然獲得獸醫學位似乎很不合理。」實際上，在英國，這類學位需要五年的全天候認真學習，不可能和臨床實務同時進行。同時他也在看到奧克斯和馬匹互動後，對他的獸醫專業產生懷疑。「我們看過他的工作狀況，」他說：「不符合預期的標準。」米勒決定聯繫皇家獸醫學院，親自做背景調查，但看來一切良好。他們向他保證，奧克斯是一名信譽良好的成員，而且他的資歷已經過查證。

後來，在二〇〇八年二月，米勒被叫到安斯代爾一座農場去處理奧克

48 Royal Veterinary College，成立於一七九一年，是英國最古老和最大的獸醫學校，現為倫敦大學的一個直屬學院，也是聯合醫院的成員。

49 dressage 一詞來自法語，是訓練的意思，其目的是要訓練馬匹的服從度，並聽從主人的指揮而做出動作。

斯造成的緊急情況。奧克斯受雇到農場閹割一匹名叫 Roo 的四歲威爾斯小馬。目擊者報告說他笨拙地處理麻醉劑（花了二十多分鐘調製），而且找不到可注射的靜脈，手術當中，奧克斯劃破一條動脈，導致小馬血流不止。這時米勒被召去挽救 Roo 的性命（他也做到了），米勒向皇家獸醫學院報告這樁事件，再度堅決要求他們調查奧克斯，這次他們照做了。

結果發現，奧克斯根本不是獸醫，掛在他牆上的澳洲梅鐸大學學位是從一家製造假文憑的網路公司買來的。之後，當地警方對他的活動展開調查，揭露了長期的欺詐行為。他在整骨診所偽造化驗結果，讓一位老婦人相信自己有心臟和腎臟問題，還用假的驗血結果診斷一個五歲男孩患有過敏，讓他採取無麩質飲食，導致他體重下滑，不得不住院。

奧克斯被捕了，但他不懂幹嘛要大驚小怪，他告訴警方，他相信他從網路獲得的獸醫文憑是真的。他堅稱，他所做的一切，都是出於幫人類和動物減輕痛苦的一片赤忱，並且他沒有任何不當行為——默西塞德郡警局刑事偵緝處探員波頓（John Bolton）——解釋說，奧克斯「在所有警方訊問中都撒了謊，而且全然沒有悔意，他似乎真心相信自己是無辜的」。

羅素．奧克斯撒了那麼多謊，而且撒得如此徹底，以至於連他自己都騙過了。就人類而言，這不足為奇，你、我和奧克斯都是如出一轍的老練說謊家，就像我們的因果推理能力，人類說謊的能力是塑造我們成功的支柱之一。如同所有的人類行為，撒謊也能在動物界找到根源和類似行為，但我們這個物種已把它發展到了荒誕的程度。正如本章將討論的，創造、相信謊言的意願讓我們這個物種出了名，不幸的是，它也可能為我們招來厄運。

欺騙的起源

要了解智人如何演化出說謊的能力，必須更廣泛地了解動物界在溝通方面的演化。生物學家如何定義溝通？一個定義是：一種將包含真實訊息的信號傳達給另一個生物，藉以改變該生物的行為的方法。

自生命開始演化以來，溝通一直是生物世界的核心。想想蒲公英的黃色花瓣，這些花瓣透過演化，能夠將花蜜和花粉存在的準確訊息傳遞給授粉昆蟲，而昆蟲（和花朵共同）演化出解碼這些訊息的能力。然後，花向昆蟲發出「這裡有食物」的信號，因而改變昆蟲的行為（誘使牠們落在花上）。這種溝通系統對雙方都有利：昆蟲得到食物，而當昆蟲從一朵花飛到另一朵，花粉便傳播開來。

幾乎動物界的所有溝通，都是透過傳遞有用、準確的訊息來進行的。草莓箭毒蛙鮮紅色的外貌，這是一種向其他動物發出「牠們含有致命毒素」的視覺信號。可是青蛙無意傳達這個訊息，牠只是天生如此，並不知道自己一身紅意味著什麼。像蛇這類青蛙捕食者，天生就有一種本能的認識，即紅色青蛙不好吃。這不是牠們需要透過反覆嘗試才知道的事。當看到一隻紅色青蛙，牠們會閃避。鮮豔的顏色（如紅色毒蛙）、具有高對比條紋（如臭鼬）或耀眼藍點（如藍環章魚），這些被稱為「警戒信號發送」（aposematic signaling）：在希臘語中，apo 表示遠離，sema 表示信號。作為人類，你對於和我們的演化史相關的警戒信號有一種本能的恐懼，例如，人類天生會提防三角形，就像響尾蛇皮膚上的之字形圖案。這種古老的恐懼可能是尖物恐懼症——「對鋒利或尖銳物體（如剪刀或針頭）的病態恐懼」的根本原因，這種恐懼不單會擴及像蛇、刀和針之類明顯危險的物品。對那些患有嚴重恐尖症的人來說，即使是餐桌的尖角都會引起相當於看到響尾蛇的恐懼反應。

然而，並不是所有的動物溝通都是可靠的，動物界充滿了演化出會傳遞可疑訊息的形態特性的物種，這使得我們必須定義另一個用語。

欺騙：一種將包含**假**訊息的信號傳達給另一個生物，藉以改變該生物行為的方法。

在生物學中，虛假信號的一個典型例子，是一個物種偽裝成某種物體或別的動物，這是一種叫做**擬態**的現象。竹節蟲就是最佳例證，牠們是昆蟲，但牠們的身體看來就像細枝條或樹枝；還有蝴蝶魚，牠們的體側有一個大黑點（稱為眼點或單眼），這會產生一種令人以為牠們的身體是捕食者頭部的視錯覺。貝氏擬態[50]是一種由無害動物演化，模仿危險動物警戒信號的擬態。例如，蜂形天牛有著讓牠們看來像致命黃蜂的黃黑色條紋，但實際上是無害的；蜂蠅（不螫人）有著使牠們看來很像蜜蜂的條紋狀顏色；血毒蛙和草莓毒蛙一樣紅豔，但沒有毒。貝氏擬態是一種可以阻止潛在捕食者的簡易（從演化角度來看）防禦機制，比起產生真毒刺所需的許多突變，蜂蠅不需要太多遺傳學或形態學上的改變，就能演化出條紋。作為帶刺動物是一種絕佳的防禦機制，但產生毒液需要大量精力和細胞資源。透過偽裝成帶刺動物而實際上並未浪費精力在維持毒刺／毒液上，蜂蠅在溝通信號系統中發現了漏洞：一種把通常是真實信號（有條紋就有毒刺）的東西轉換為欺騙（有條紋但沒有毒刺）的演化捷徑。

重要的是，我們要了解，在描述動物溝通時，「欺騙」一詞在生物學中沒有任何負面含義。我們認為欺騙是壞人出於邪惡目的所做的事，但在動物界，欺騙只是一種提供不正確訊息的溝通信號。在多數情況下，溝通信號本身融入了動物的形態（如青蛙的皮膚顏色），讓動物完全沒有意識到牠所傳達訊息的不正確性。對於非人類的動物，欺騙性信號（如擬態）的發生並沒有欺騙的意圖，牠們可能也不知道信號本身是欺騙性的。

把這和羅素．奧克斯的行為相比，他有意識地掌控他的欺騙性溝通，並且蓄意歪曲自己的真實身分來愚弄莎莉．格林伍德，他既知道自己在撒謊，也知道格林伍德會相信他的謊言。但為了達成這壯舉，人類已演化出好幾種使我們成為熟練騙子的認知特性，但是，正如我們將在下一段討論的，我們故意欺騙他人的能力同樣能在動物界找到根源和類似行為。

意圖是關鍵

到目前為止，我們所分析的動物溝通可以說是被動或無意的：它只是動物演化來傳送特定訊息的一種物理特性（如狒狒的大犬齒或公麋鹿的犄

50 Batesian mimicry，由研究巴西雨林蝴蝶的英國自然學家亨利．沃爾特．貝茲（Henry Walter Bates，一八二五～一八九二）命名。

角）。然而，動物也可以主動、有意地溝通，就拿家貓來說吧，當一隻貓想表達牠不開心，牠會甩動尾巴，咚咚拍打地板。拍擊尾巴是貓演化來向其他貓傳達有關其情緒狀態的重要信號，這是真誠的：這種行為和貓的負面情緒狀態密切相關。

然而，這裡出現一個問題：貓拍擊尾巴是故意的嗎？如果動物決定以達成某事為目標發出溝通信號，那麼我們可以說這是有意為之。動物試圖透過有意的溝通來達成的，是改變另一隻動物的行為。由於牠們懷有這個目標，因此會監控情況，看牠們的溝通信號能否產生預期效果。例如，當我撫摸我的貓奧斯卡（Oscar），牠會用尾巴拍打地板，因為牠要我停止撫摸。拍擊尾巴只是貓在其行為選單中顯示牠們不快樂的眾多信號之一，如果我無法理解奧斯卡的意圖，牠會逐漸轉向另一種更清晰的溝通信號，例如咬我的手。同樣地，牠選擇（意圖）咬我，目的仍然是要我停止撫摸牠（也就是改變我的行為）。奧斯卡會輪流使用牠的選擇當中，所有和牠的「消極情緒」相關的溝通信號（例如拍打尾巴、咬人、嚎叫、撓抓），直到達成牠的預期目標。

奧斯卡甩尾巴的信號是真誠的，那是反映牠情緒狀態的準確呈現，但有的時候，動物也會發出不誠實的意圖性溝通信號，看起來就好像牠們有意用關於牠們自己、牠們的情緒狀態或想法的假訊息來進行欺騙。以雞為例——

尼采在《道德系譜學》（*On the Genealogy of Morality*）一書中寫道，「不幸的人……就像一隻周圍被畫了一個圓圈的母雞，他無法跳脫這個圓圈。」這種對人類狀況的淒涼總結提到了雞的一種行為，如果你讓一隻雞倒立，在牠們面前的泥地上畫一條線（或繞著牠們畫一圈），牠們就會靜止不動。為什麼？這跟畫線無關，只是因為你把雞顛倒過來，讓牠動彈不得。科學家稱這種現象為**強直性靜止**（tonic immobility），或者一種裝死形式。受到威脅時，負鼠也會裝死，吐舌翻倒，這是一種在蛇、蜘蛛、昆蟲、魚、鳥和青蛙身上常見的行為，它之所以有效，是因為多數捕食者會避免吃死掉（可能已腐爛）的動物。透過裝死，雞提供了自已腐爛狀態的假訊息，這是牠用來操縱潛在攻擊者，阻止攻擊者吃牠的一種行為欺騙形式。

類似行為也在許多地面築巢的鳥類中發現，在沙丘中築巢的笛鴴會採取一種叫**斷翅展示**的動作。若感知到捕食者接近巢穴，笛鴴媽媽會飛走並鳴叫，希望把捕食者吸引過去，讓牠遠離巢穴，然後笛鴴媽媽會做一件了不起的事：牠會落在地上，開始笨拙地走路，同時將翅膀拖在身後，樣子就像翅膀斷了。多數捕食者都很熱中於追捕「受傷」的鳥，比較容易獵食。但這都是騙局，一旦威脅離她的巢夠遠，她就會停止偽裝，飛往安全的地方。

笛鴴的斷翅展示演化成一種欺騙性行為，也是相當聰明的計謀，而且因為她一直在監控整個行動，看她的欺騙是否奏效。這是一個意圖性欺騙的案例，不過還有更聰明的欺騙者，有若干物種會採取一種叫做**策略性欺騙**的行動，是動物界所發現的，最接近人類撒謊方式的行為。策略性欺騙可以被定義為「個體能在不同背景下，利用正常行為中的『誠實』行為來誤導熟悉個體」。這個定義出自演化心理學者伯恩（Richard W. Byrne）和懷騰（Andrew Whiten），他們在一系列描述狒狒和其他靈長類欺騙行為的論文中提出了這個觀點。他們的想法是，動物會利用自己通常用來傳達真實訊息的溝通信號來迷惑另一隻動物，然而，關鍵的區隔就在這個「真實訊息」，笛鴴的斷翅展示或雞的裝死則是蓄意欺騙，意思是它們不符合策略性欺騙的定義。只有當動物決定欺騙性地利用一種誠實信號，迫使接收者誤解情況時，才是策略性欺騙。

研究人員已在靈長類、狗、鳥身上發現許多策略性欺騙的案例，但我最愛的例子是「哀悼烏賊」。烏賊是頭足動物的一種，這類觸手軟體動物包括章魚、烏賊，牠們在認知方面的表現超乎我們對這些蝸牛與蛞蝓近親的預期。哀悼烏賊很像章魚，擁有出奇複雜的社交生活，牠們生活在澳洲東海岸附近，聚集成龐大社群，形成壯觀的景象：牠們被稱為**色素體**的充滿色素的皮膚細胞，功能有點像電子閱讀器中的電子墨水，將所有個體的身體變成精緻的視覺展示，這些繁複的圖案和形狀可以用於偽裝和溝通，在一天當中，雄烏賊通常會呈現出獨特的條紋圖案，而雌性則會呈現斑點狀圖案。

在交配習性方面，雄烏賊在追求異性時，不會容忍附近有較小的同性下屬。科學家觀察到體型較小的雄性會採取一種罕見而狡猾的策略性詐術來智取優勢雄性，增加自己和雌性交配的機會，而不會引起懷疑。

當一隻體型較小的雄性，被發現向一個優勢雄性盯上的雌性求愛，牠會置身於牠們之間，接著牠會做一件神奇的事：牠面對雄性對手那一側的身體顏色會發生變化，類似雌性的斑點圖案；面對雌性那一側的身體則保持正常的色彩模式。較大的雄性會上當，以為面前有兩隻雌性，而較小的則得以繼續按計畫求愛。造成這種策略性欺騙（而不是正常欺騙）的原因在於信號本身（斑點圖案）通常是顯示雌性特徵的真實信號。更狡猾的是，牠們只在一隻雄性在場時才會出現這種行為，如果周遭有較多雄性，牠們就不費事了，因為不同的視角會揭發牠們搞的鬼。這種分析何時使用這項策略的能力（是否有一隻雄性或者許多雄性）本身就很了不起。牠們積極監控周遭環境，根據情況改變自己的欺騙行為。伴隨著這些思路所進行的策略性、蓄意性欺騙在動物界極為罕見——比我們在動物身上看到的其他形式的欺騙要罕見得多。在日常生活中，我們可能遇到動物策略性欺騙的唯一機會，是與狗互動時，研究人員發現，如果訓練員有偷食物的紀錄，狗會欺騙並熱情地引導這些訓練員，來獲得較不喜歡的食物獎賞。牠們會積極欺騙人們，來增加自己獲得真正喜歡食物的機會。

我在本節中提到的所有動物溝通策略（有意的溝通、蓄意性欺騙和策略性欺騙）形成了人類說謊能力賴以建構的基石。然而，說謊是全然不同的怪物，因為它需要一整套的認知技能，而這套技能即使是最精於謀略的欺騙者（如烏賊）都可能欠缺。而將人類的撒謊能力和其他動物的欺騙行為區分開來的要素之一，就是語言。

人類語言和動物溝通之間的差異，是我最愛的主題，我會克制在這方面長篇大論的衝動，看是否能把我的解釋精簡成簡單的一句話，那就是：動物溝通主要是傳達和「少數主題」有關的訊息，人類語言則是能傳達關於「任何主題」的訊息。這種扼要的解釋，避免了對人類語言和動物溝通之間的結構或功能性差異的冗長討論，以及語言是如何從原始人類的早期溝通形式演變而來的問題，而其中的關鍵在於：人類心智有一些可以進行無限制主題討論的特殊之處。

非人類動物的溝通經常僅限於讓外界了解牠們的情緒狀態（例如生氣）、身體狀態（例如屬於什麼物種）、身分（根據獨特的哨音來判斷是哪一隻海豚）、領地（例如狗在樹下撒尿來標記地盤），有時（但不常見）也包括在牠們環境中重要外部對象的存在（例如草原土撥鼠用警戒呼叫來傳達逼近的捕食者所處位置、大小、顏色甚至種類）。另一方面，透過語言媒介，人類實際上可以就任何主題進行討論，以及撒謊。人類腦中充滿死知識（如同第一章探討的），因此我們握有無窮無盡可以轉化為文字的題材。

過去半世紀，有許多教導動物使用符號溝通系統的嘗試，目的是測試牠們對被動語言理解能力，以及透過語言主動表達思想能力的認知極限。然而，儘管努力了數十年，還沒有動物學會使用符號系統，就最基本的主題以外的任何事物進行溝通。即使是最有創造力的語言學習動物——例如大猩猩 Koko[51]、倭黑猩猩 Kanzi[52] 或海豚 Akeakamai[53]——最終也只能透過極少數的主題分享牠們的想法。不管是因為做不到或沒興趣，動物就是不像人類那樣，會以無邊無際且生動的方式使用符號系統來產生單字和句子。

這種透過語言媒介進行無限制表達的能力，是使得人類壟斷說謊市場的一個要素，但如同下一段即將談到的，還有一項更基本的技能，當與語言結合使用時，足以使人類成為這星球上最老練的騙子。

51 一九七一～二〇一八，一隻雌性西部低地大猩猩，生前可以掌握大量修改版的美國手語手勢。
52 一九八〇～，一隻雄性倭黑猩猩，具有高超的語言能力，曾多次成為人科動物語言研究對象。
53 一九七六～二〇〇三，一隻雌性大西洋寬吻海豚，動物研究人員曾讓牠對電腦模擬出的聲音做出反應，結果顯示，電腦發出的聲音與 Akeakamai 給出的回應十分接近，也證明了海豚對人工語言具有極高的理解能力。

心智操縱者

要理解人類為何如此精於說謊，首先我們需要清楚定義何謂「說謊」。說謊：一種蓄意向另一個生物傳遞假訊息的方法，其目的是：讓該生物相信某些不真實事物，進而操縱其行為。

當人類說謊，我們這麼做的目的不光是改變預定接收方的行為，還要改變他們的信念。這是一個重大差異，這也使得我們獨一無二。要操縱某人的信念，首先我們必須知道（或至少猜測）那個人／動物的信念，讓腦中充滿想法、感受、欲望、意圖等。人類可以輕易做到這點，這也是為什麼我們有時會理所當然地把無生命體（我們明知它們沒有思想）當作有思想那樣地對待它們。早在一九七〇年代，加里．達爾[54]就利用這種奇怪的人類心理賺了數百萬美元。達爾發明了寵物石，一塊小石頭，放在帶有氣孔、鋪著乾草的紙箱內，光憑著稱它為「寵物」，人們便開始半嘲諷地把這塊石頭當作有感情、欲望和需求的生命體那樣對待，這種行為雖怪異卻又非常符合人性。

人類不斷猜測其他生物腦子裡在想什麼，來預測牠們為何會那麼做，或者未來可能會做什麼。這和我們喜歡發問、擅長因果推理的天性密切相關。例如，我可能會問說：「為什麼我的貓在喵喵叫？」答案是什麼？或許是因為牠**想要**我打開大門，我猜出我的貓**想要**什麼的能力被稱為**心智理論**（有時也稱作**讀心術**或**心理狀態歸因**）。我們可以針對自己所預期的，其他生物腦子裡在想些什麼，來產生一種理論或模式。它讓我們得以探問：生物為何會做牠們所做的那些事，並根據我們的最佳猜測，對牠們腦中浮現的目標、願望和信念得出答案。

透過心智理論操縱信念，會讓你在嘗試改變其他生物的行為時更能掌握狀況。想像你正被一隻鬣狗追趕，如果你運用心智理論猜測，鬣狗是因

54 Gary Ross Dahl，一九三六～二〇一五，美國商人兼廣告總監，在七〇年代中期，他利用來自墨西哥下加利福尼亞州羅薩里多市的光滑石頭，創造出風靡全美國的「寵物石」（Pet Rock），也使他成為了百萬富翁。

為餓了才追你，你可能會嘗試把你的火腿三明治扔給牠，接著牠可能會吃那個三明治而不是吃你。但大多數的動物不會想到這點，因為牠們不會思考鬣狗的動機，牠們只會逃跑、躲藏。

人類是這星球上少數幾種（即使不是**唯一**）擁有心理解讀能力的動物之一。科學家花了四十年的時間設計各種實驗，想找出非人類動物可以了解他人信念和動機的證據，但截至目前為止，我們握有動物具有心理解讀能力的最佳證據，是來自**假信念**的試驗。這個試驗可以判定動物是否知道另一隻動物／人對於世界的信念其實是不正確的，而這種能力的最佳證據來自我們的猿類同伴。一個著名實驗針對幾隻類人猿（黑猩猩、倭黑猩猩和紅毛猩猩）進行了測試，看牠們是否了解，研究人員可能會受騙去相信不真實的事情。幾隻類人猿透過玻璃窗觀看一場專為吸引牠們注意而設計的好戲，牠們可以看見窗子後方有兩個巨大的乾草包和一個身穿猩猩服的實驗員，接著一個人類演員從一道門進入，和「大猩猩」碰個正著（如果你是類人猿，會覺得打鬥場面十分精采）。接著大猩猩在人類演員的注視下躲進一堆乾草後方，然後那人跑回後臺去拿大棍子來打大猩猩，可是當他一走開，大猩猩就從乾草包裡爬出來，跑掉了。這就設下一個場景：人類沒看到大猩猩已經離開，此時在人類的心中，便有了一隻大猩猩還在乾草包後面的**假信念**。如果看到這一幕的類人猿擁有心理解讀能力，牠們會認為人類在錯誤的位置（人類最後看到大猩猩的乾草包後方）尋找大猩猩。研究人員使用眼動追蹤設備測量，來了解當人類拿著棍子回來時，窗後的類人猿在注視什麼地方。多數類人猿的目光集中在大猩猩原本所在的乾草包上（而不是大猩猩逃跑的方向），大概是因為牠們知道人類（對大猩猩的位置抱有假信念）會到那裡去查看。這是類人猿具有心理解讀能力的有力證據，牠們根據經驗猜測著「拿棍子準備打大猩猩的人信以為真」的狀況。

在動物界，理解他人可能有假信念並在行為上受其支配的能力十分罕見，也許只限於類人猿和某些鴉科鳥類（如渡鴉、烏鴉、灌叢鴉），了解他人可能抱有假信念，是解釋人類如何成為如此多產的說謊者的要素，大多數的動物似乎都缺乏這項技能的事實（也許只有上述的少數例外），顯示人類在預測、操縱他人思想方面確實是獨一無二的。動物多半不是透過心智理論，而是透過視覺線索來預測其他動物會做什麼，例如，當你看到一隻狗露出牙齒，你可以預測牠或許會咬人，這是一種在露齒溝通信號以及可能伴隨的行為（即咬人）之間的學習聯想。你不需要猜測狗在**發怒**，或者狗**想要**咬你，或者狗**認為**你具有威脅性，這叫**行為判讀**（相對於「心智判讀」）。截至目前，我們遇到的所有非人類動物的欺騙案例都可理解為試圖操縱既定對象的行為，而非心智。觀察一下你生活周遭的動物，問問自己，牠們和你互動是因為牠們在猜測你的想法／信念／感受，或者只是對你的外在行為作出反應？其中的差異很難分辨，這正是為什麼經過了四十年的多次實驗，科學家仍然不確定非人類動物是否擁有心智理論能力。

另一方面，當你觀察人類行為，毫無疑問，人類常使用心智理論作為他們溝通信號的重要部分，這也解釋了我們的行為方式。花幾分鐘看一部卓別林[55]默片，你會看到大量和在非人類動物不同的心智理論（和說謊）證據，例如卓別林手指向遠方，分散對手的注意力然後偷走他的麵包。一個看似簡單的欺騙行為，但只有當卓別林知道他能讓對手**相信，除了手上的麵包**，還有值得一看的東西時才可能實現。查理．卓別林的電影建立在一次又一次行動中的心智理論的基礎之上，而我們觀眾之所以愛看這些影片，是因為我們能猜出他的想法：他想要什麼，他相信什麼，以及他為什麼有那些行為，而這一切都盡在不言中。

然而，一旦納入言語，人類說謊的能力可以說是無極限的，當心智理論和語言協同運作，像羅素．奧克斯這類說謊專家也逐漸形成。語言是完美的詐騙工具，事實上，有些演化生物學家認為，語言甚至可能是專門演化來幫助我們欺騙的。不管它是「如何」以及「為何」出現的，語言和心智理論著實被我們這個物種用來不斷地互相欺騙。如同下一節會提到的，

55 Charlie Chaplin，一八八九～一九七七，英國喜劇演員、導演，與哈羅德．勞埃德（Harold Lloyd）、巴斯特．基頓（Buster Keaton）並稱為「世界三大喜劇演員」。

我們的撒謊能力和傾向是人類生存狀態的基礎，但我們這個物種也傾向於以為，其他人對我們說的是真話。正是這種奇怪的不協調，給我們這個物種帶來巨大的社會問題，而且正如我們將看到的，這都是一些可能導致我們物種滅絕的問題。

冤大頭

李奧・科雷茲是芝加哥一名律師，擅長透過房地產投資交易賺取巨額利潤，直至一九一七年，科雷茲一直經營著巴亞諾河集團：一家在巴拿馬叢林中擁有五百萬英畝土地、每年出口大量紅木和數百萬桶石油的信託公司。科雷茲使得投資者爭相購買年報酬率約六成的巴亞諾河股票。

無論是什麼投資，六成報酬率都極為驚人，而當今和一九二〇年代的許多投資者，都會對承諾這種報酬率的基金經理人持懷疑態度，尤其因為科雷茲是在查爾斯・龐茲[56]這名字剛開始變得家喻戶曉的時候展開業務的。

龐茲從投資者身上詐取數百萬美元，並承諾提供類似的高利潤。「龐氏騙局」是一種簡單巧妙的詐騙：投資者藉由來自新投資者的資金獲得投資回報。這需要源源不斷的新投資者，否則就沒錢支付現有投資者所期待的利益，然而，不同於龐茲是以盡可能吸引人們投資來讓騙術持續下去而著稱，科雷茲卻是出了名的拒人於千里。眾所周知，他曾退還一些不符合他標準的潛在投資者的支票。

少數獲得機會的投資者往往會投入巨額資金，並獲得可觀利潤，他們笑稱科雷茲是「我們的龐茲」，一個嘲諷科雷茲可能是騙子的，荒謬的內部秘密笑話。與龐氏騙局的受害者不同，科雷茲的客戶投資的是有形的東西，像是巴拿馬的輸油管和油輪。他們看過輸油管藍圖和購買油輪的合約，在他們看來，科雷茲是玩真的。

一九二三年十一月，一群巴亞諾投資人急著親眼瞧瞧自己的資產，登

56 Charles Ponzi，一八八二～一九四九，在美國和加拿大行騙的詐騙犯，出生於義大利的猶太人，以「龐氏騙局」著稱。

上一艘前往巴拿馬的輪船，他們渴望逃離芝加哥的寒冬，更渴望一睹已成為他們新增資產來源的巴拿馬油田，在連著幾天在巴拿馬城尋找巴亞諾河集團的辦公室之後，投資者開始起疑：和他們談過的人都沒聽說過巴亞諾河公司或李奧．科雷茲。他們最終找到一位芝加哥同鄉佩克，此人在該地區的另一家擁有土地的投資公司工作，這群投資人向佩克出示一張科雷茲提供給他們，據稱是巴亞諾河公司在巴拿馬所擁有土地的地圖。「各位，」佩克說：「我認為你們受騙了。」那些土地大部分都歸佩克的公司所有。遊戲結束。

原來巴亞諾河集團並未持有任何類型的投資財產，科雷茲撒了瞞天大謊，他只不過製造了一場龐氏騙局，但他比龐茲本人更精於此道，詐騙了投資者三千萬美元，超過龐茲的兩千萬。儘管他的投資者注意到所有的危險信號，甚至拿它開玩笑，他們還是被耍了，但這怎麼可能呢？

提摩西．R．萊文（Timothy R. Levine）在他的著作《受騙：預設為真理論及謊言與欺騙的社會科學》（*Duped: Truth-Default Theory and the Social*

Science of Lying and Deception）中指出：「我們天生就容易受騙。」萊文是阿拉巴馬大學伯明罕分校的傑出教授和傳播研究主席，職業生涯致力於研究人類說謊，並獲得FBI和NSA[57]的資助。萊文在書中提出，儘管我們有明顯的說謊能力和傾向，但我們物種會預設我們聽聞的事是真實的，萊文稱之為**預設為真理論**（TDT）。「TDT主張，我們接收的溝通內容，通常會被不假批判地接受為真實，而多數時候這對我們來說是好事，」他表示。「這種相信他人的傾向是人類在演化上的適應性產物，它能帶來有效溝通並促進社會協調。」

作為一個物種，人類天生就容易輕信和說謊，而正是這種特徵的組合（人類說謊和識破謊言的能力之間的這種怪異的不搭調）使得我們危及自身。

57 National Security Agency，美國國家安全局。

天生的說謊家

說到欺騙能力，人類和其他動物很不一樣，由於人是「為什麼專家」，我們腦中充滿了關於世界運作的想法——死知識，這給了我們無數可以撒謊的題材。我們還擁有一種溝通媒介（語言）讓我們能將死知識轉化為能夠輕易溜進他人腦中的話語。更甚者，我們一開始就能預期其他人有智慧，會抱持著關於「世界是怎麼回事（即什麼是真的）」的信念，因此也可能被愚弄而相信假訊息。正如萊文指出的，我們格外不擅長發現假訊息。這就形成一種局面，也就是如同本節將提及的，在一個充滿冤大頭的世界中當個胡說八道的撒謊高手可能是一種成功之道，就像羅素．奧克斯的例子。

公認的看法是，人平均每天會在口頭上說一到兩個謊，但這是對整體人口估計的平均值。十個人當中有六人聲稱從不說謊（這可能是謊言），而其中大多數謊言是由一小部分病態說謊者說的，這些人平均每天說十個謊。隨著年齡增長，我們說的謊也越來越少，這可能不是道德觀變成熟，而是因為認知力下降。認知力下降使得我們更難操練頭腦，追蹤自己吐出的胡言亂語，我們需要更努力地思考並保持專注才能編造謊言，這也是為什麼你常看到一種電視劇情，螢幕上的偵探向嫌犯展開連番發問，直到他們不經意脫口說出真相，因為他們的思考速度不夠快。這和「酒後吐真言」這句話的意思相同：飲酒有點像老實藥，當人的高層次思維受到損害，會更容易流露自己的真實感受（並停止說謊）。

一旦孩子到了會說話的年齡（隨著心智理論的形成），謊言就開始出現——通常是在二到四歲之間。如果你告訴一個孩子，箱子裡有一個有趣的玩具，要他們別往箱子內偷看，然後離開房間，幾乎所有小孩，不管來自哪裡，不僅會看箱子內，之後還會謊稱自己沒偷看。正如無數研究顯示的，幼兒撒謊是人類的普遍現象，一旦青春期到來，謊言就更常見了。美國一項研究發現，八成二的青少年曾在過去一年內為了朋友、酒精／毒品、派對、金錢、約會或性方面的事向父母撒謊。一旦青少年離家，撒謊行為便開始轉向愛侶，九成二的大學生承認曾向床伴說過關於自己性愛史的謊言。說謊很普遍，因為說謊有用，由於多數人天生就相信謊言，說謊成了在世上取得成功的超有效方式。

出人頭地的更好方法是把謊言提升到新的層次：胡扯。Bullshitting 一詞是正當的科學用語，它在哲學家哈里．法蘭克福（Harry Frankfurt）二〇〇五年的著作《論扯淡》（*On Bullshit*）一書中得到推廣，如今在科學文獻中被用來描述旨在打動他人，而不在乎證據或真相的溝通，這和說謊不同，後者關係到蓄意製造假訊息來操縱他人的行為。另一方面，扯淡的人不知道也不關心他們說的是否正確，他們更關心喜劇演員史蒂芬．柯伯[58]所說的**感實性**：看似或感覺上很真實的特性，即使不一定是真的。

「胡扯」似乎是一種會破壞人類社會世界運作，並撒下混亂與困惑的種子的負面行為，但有證據顯示，胡扯可能是演化所選擇的一種技能。胡扯的能力可能是向他人發出的一種信號，顯示說大話的人實際上是個聰明人。《演化心理學》雜誌最近的一項研究發現，最擅長對自己不了解的概念作出看似合理（但虛假）解釋的受測者（有點像 Balderdash〔胡言亂語遊戲」），在認知能力測試中的得分也最高，因此，身為扯淡高手實際上可能更聰明。作者得出結論，「說出高明鬼話的能力會讓人在社會系統中無往不利，這既是一種給別人留下深刻印象的極有效策略，也是表現一個人智慧的真實信號。」換句話說，愛扯淡的人比不扯淡的人多了點優勢：他們不會浪費時間計較真相；他們可以投入所有精力在被人採信而不是正確無誤上。

心理學家坦普勒（Klaus Templer）想知道為什麼那些壞壞的、不老實的人（也就是愛扯淡的人）在企業或政界似乎比誠實、善良的人吃得開，因為大家以為撒謊者會受到社會的懲罰或排斥，但這和實際狀況恰巧相反。坦普勒詢問了幾家大公司的一百一十名員工，他們會如何評價自己的政治手腕，例如和他人建立連結以及影響他人的能力，這些員工的上司也被問到同樣的問題。坦普勒還對員工進行了性格測試，來衡量他們的誠實和謙

58 Stephen Colbert，一九六四～，美國的電視節目《柯伯報告》（*The Colbert Report*）主持人和喜劇演員，艾美獎得主。

遜度，但也許是意料中事，那些誠實和謙遜度較低的員工（亦即那些較可能成為厚顏撒謊者和扯淡高手的人）也認為自己頗有政治手腕，他人常贊同他們的看法。上司們則將較不誠實的員工評為最具政治手腕，但重要的是，他們也認為這些人比那些誠實謙虛的同事更稱職。這就造成一種情況，也就是我們當中最會胡扯的人很可能被視為最能幹的人，也因此更可能獲得工作升遷或者當選公職。當然，我們可能不喜歡他們，客觀來看他們或許是很糟糕的人，但我們尊重他們的政治和社交本領。「同樣值得注意的是，有時這些難纏的性格類型可能很有用。」坦普勒在《哈佛商業評論》中寫道。「優秀的管理者懂得如何部署這類人，減少他們對其他員工造成的損害。」

謊言、騙子和扯淡似乎對企業有利，但對國家也有好處。哪個主要超級大國沒有專門負責製造、散播文宣的政治部門？網際網路研究局（The Internet Research Agency，俄語 Агентство интернет-исследований）是俄羅斯一個自二〇一三年以來一直在網路上散播假消息的機構，它僱用了一千多人在社群媒體上製造虛假的網路內容，以維護俄羅斯企業和政府的利益。他們偏愛的方法是政治學家羅森布盧姆（Nancy L. Rosenblum）和穆爾海德（Russell Muirhead）所說的**謊言灌注**——透過大量不同的社群媒體帳號，盡可能頻繁地重複相互矛盾的訊息，來製造不和諧的印象。美國政府指控該機構干預二〇一六年美國總統大選，根據起訴書，該機構「散播對候選人和整個政治制度的不信任感」，而這似乎生效了，如果二〇二一年一月六日美國國會山莊暴動事件[59]算是一種指標的話。在此之前，科學家們便已見過該機構是如何有效地藉由持續的活動，煽動開始於二〇一三年的反疫苗接種論[60]，因而在美國醫療保健系統中播下不信任的種子。這似乎也奏效了。一項二〇二〇年的蓋洛普民調發現，只有八成四的美國人認為讓孩子

59 二〇二一年一月六日，時任美國總統唐納·川普（Donald Trump）的支持者暴力闖入美國國會大廈的騷亂事件，以擾亂正在進行計票及認證二〇二〇年美國總統選舉結果以宣告喬·拜登（Joe Biden）正式獲勝的美國國會聯席會議。

60 二〇一三年，在美國已經絕跡多年的痲疹死灰復燃，調查發現，當時多數感染痲疹的患者因為反疫苗（anti-vaccine）及疫苗猶豫（vaccine hesitancy）等複雜的背景因素拒絕接種疫苗，結果在二〇一五年造成一名痲疹患者過世。

接種疫苗很重要，低於二〇〇一年的九成四。

這種謊言灌注是如假包換的胡說八道，在網際網路研究局工作的駭客不太可能熟知疫苗科學的來龍去脈，或者美國選舉制度的確切細節。但他們不需要知道，他們的目標是在網上散布謊言——旨在混淆美國大眾視聽的訊息。他們對何謂真實或正確沒興趣，而是意圖在美國內部挑撥離間，讓俄羅斯政府相較下顯得更有能力和吸引力。

演化生物學家伯格斯特姆（Carl T. Bergstrom）和情報科學家魏斯特（Jevin West）在華盛頓大學教授一門名為「胡說八道」（Calling Bullshit）的課程，他們將這門課程變成了同名書籍[61]。儘管這門課程和這本書都相當輕鬆，他們對網路時代胡言亂語的氾濫，對人類文明構成的嚴重威脅直言不諱，其目標是「為你那篤信水晶和順勢療法[62]的姨母或支持種族主義的叔父，提供一種易懂可信的解釋，說明為何某個說法是扯淡」。他們寫道，「充分的謊言偵測對於自由民主的生存至關重要，民主始終有賴於一群具有批判性思維的選民，而在當今這個假新聞充斥、國際社會藉由在社群媒體上傳播文宣來干預選舉過程的時代，這點顯得格外重要。」

十年來，芬蘭一直很關注這種扯淡現象，受到來自俄羅斯的假消息報導的轟炸後，該國於二〇一四年重整教育系統，來教導學生識別媒體中的謊言。「對象是積極、負責任的公民和選民，」赫爾辛基法屬芬蘭學校負責人、歐洲學校系統前任秘書長基維寧（Kari Kivinen）告訴《衛報》說。「審慎地思考，事實查證，理解和評估你收到的所有訊息，無論出處為何，都是至關重要的。我們已把它作為我們的授課重點，涵蓋所有學科。」這個決定發揮了作用，在衡量一個國家對假新聞敏感程度的二〇一九年「媒體素養指數」（Media Literacy Index）評選中，芬蘭遙遙領先各國。這當中的課題是：如果一個人或國家，想要更善於識破謊言，就得付出長期一致

61 《數據的假象》（*Calling Bullshit: The Art of Skepticism in a Data-Driven World*），二〇二二年，天下雜誌。

62 Homeopathy。順勢療法認為，如果某個物質能在健康的人身上引起罹患某病的症狀，該物質即可用來治療此類疾病，此理論是「以同類來治療同類」，也稱為以同治同。

的努力，去克服自己輕易相信一切所見所聞的預設習慣。但起碼這是可能的——即使在一個胡言亂語將我們淹沒的世界。

人的說謊能力究竟是利是弊？

許多動物都會欺騙，例如笛鴴或裝死的雞，有些動物可能會進行策略性欺騙，像是試圖偷偷交配的烏賊，但即使是我們最親近的靈長類親戚，牠們的欺騙能力也遠遠比不上我們的撒謊和瞎扯能力，這是由於我們獨特的語言能力、心智理論以及發問專長。

我們該如何看待這點？在某種程度上，人不老實的能力，需要匯集多種不凡心智的力量。吹牛瞎扯是我們獨有的，而我們也發現了，成為撒謊高手（或多產的吹噓者）和我們這個物種的社會性（和經濟性）成就密切相關。

但是，從大處看，人類撒謊（尤其是扯淡）的能力有一個或許超越了好處的陰暗面。透過國家支持的謊言和鬼話傳播行動，散布可疑、混淆人心或虛假的訊息，已害死了數百萬人。從自尼采時代開始擴散的反猶太納粹宣傳，一直到俄國網際網路研究局最近傳播反疫苗訊息，當謊言傳播開來，便有人失去生命。

我們渴望一個謊言極小化的世界，期望整個社會和決策者在關於何者為真、何者為假等方面，都能基於相同的現實基礎來運作，而在教育孩子們去嚮往並創造這樣的世界，芬蘭做得極為出色。卡爾・薩根[63]在一九九五年著作《惡魔出沒的世界》（*The Demon-Haunted World*）一書的「拆穿鬼話的藝術」一章中滔滔陳述了他發現並消除謊言的技巧。社會心理學家約翰・彼得羅切利（John Petrocelli）最近用了一整本書《扭轉人生的鬼話偵測術》（*The Life-Changing Science of Detecting Bullshit*）探討關於辨識和對抗當代鬼話的議題。他發現有消除鬼話的現成工具可用，而且已經存在很久

63 Carl Sagan，一九三四～一九九六，美國天文學家、天體物理學家、宇宙學家、科幻小說及科普作家，也是「行星學會」（The Planetary Society）的創立者。

了，但目前的問題是，多數人對於採用這些工具似乎興趣不大。

原因很簡單：人類是被演化設計成說謊者的，而且非常奇怪得很，人類還是對謊言十分敏感的說謊者。這是我們這個物種特有的問題，而我們成為獨特物種並非只是因為我們會欺騙，就像前面說過，許多物種（從昆蟲到墨魚）都會產生包括假訊息的溝通信號，其中有些甚至會蓄意欺騙其他生物。但我們這個物種已把欺騙意圖（透過操控他人的信念來撒謊）徹底融入我們特有的社會認知結構。我們頂多能教導孩子們對假訊息的擴散保持敏銳，刻意減少它造成的傷害，我們卻無法消除人類製造、相信謊言的能力，正如我們消除不了我們直立行走的能力，因為我們生來如此。

想像一個排除了一切鬼話和有害謊言的人類世界，無異於進入科幻世界。只要人類具有心智理論、語言和發問的能力，我們就會是一個利用虛假托詞撒謊、胡扯、閹割小馬的物種。這都是我們的認知天賦帶來的不可避免的後果，雖然我們可以透過訴諸科學思維，將損害降到最低，但即使是我們這些浸淫於科學的人也有人性，因此也容易胡扯。

動物生活在一個欺騙只占了溝通系統一小部分的世界中，並在誠實作為常態的情況下找到了平衡，而當動物說謊時，結果總是很逗趣，而且沒有害處，例如墨魚幽會、被催眠的雞或跛行的笛鴴。另一方面，人類天生就會欺騙和被欺騙，目前這種有害的組合正使我們走上一條極為黯淡的道路，芬蘭等國正積極進行全國性的路線調整。另一方面，動物不需要修正方向，因為物競天擇已產生一種可以將欺騙現象減到最少的溝通系統。只有人類需要為自己因為說謊，和天生的輕信傾向所製造的自我毀滅，制定新的解決方案，但問題是：我們是否能在大量的謊言灌注，並將我們的物種從這個星球沖走之前，免於自我毀滅？

Chapter
3
死亡智慧
知悉未來的缺點

多麼奇怪，這麼一件確鑿而普遍的東西卻幾乎影響不了人類，而且他們絲毫不認為自己與死亡親如兄弟！

——尼采——

塔蕾夸於二〇一八年七月二十四日產下女兒時才二十歲，儘管寶寶足月，但出生後不久就死了。一般情況下，會有專家在場，確定死因，但當時並非一般情況。

寶寶死後，塔蕾夸隨即做出一件迅速引發全球關注的事：無論走到哪裡，她都帶著夭折的孩子。她連著好幾週這麼做，目擊者稱之為「悼念之旅」。在這期間，她很少進食，她睡覺時，她的家庭成員會輪流替她帶寶寶。「我們可以肯定她的家人在分擔職責……並非只有她會帶著孩子，他們似乎在輪流換班。」觀察事件發展的珍妮．阿特金森說。

許多國際新聞媒體趕往華盛頓西雅圖去見證塔蕾夸的悲痛，哀悼從世界各地湧來，人們為她寫詩，在推特發布她帶著孩子的圖畫。作家蘇珊．凱西在《紐約時報》專欄發表文章，探討如何妥善處理大眾觀看這位母親的哀傷時所感受到的集體傷痛。

十七天後，也就是二〇一八年八月十二日，塔蕾夸終於放開她的孩子，讓遺體沉入太平洋海底。數天後，華盛頓星期五港鯨魚研究中心的科學家們證實，塔蕾夸已繼續前進，在聖胡安群島海岸捕獵鮭魚，她已回到原來的生活。

如果你還不清楚我在說什麼，其實塔蕾夸並非人類，而是一頭虎鯨——俗稱殺手鯨，是最大的海豚種生物。珍妮．阿特金森也不單是目擊者，還是華盛頓鯨魚博物館館長，密切關注著此一空前事件。在同行評審的科學文獻中有許多這類海豚行為的例子：母海豚用吻突（嘴喙）托著寶寶的遺體，不斷將牠們推向水面。海豚會以這種方式照料生病或身體不適的家庭成員，在水面附近托著牠們，幫助牠們呼吸。然而伴屍通常只會持續幾小時，也因此塔蕾夸的十七天守喪活動顯得如此獨特。時間太長，連她自己的健康都受了影響，數週未進食，只顧著將幼仔推向水面，讓她消瘦不少，就連受過冷靜觀察動物行為訓練的科學家也為之動容。「我哭了。」華盛頓大學保育生物學中心的科學研究員吉爾斯（Deborah Giles）說：「真不敢相信她還推著她的孩子到處走。」

許多報社記者將塔蕾夸的行為描述為**守喪**案例，無可爭辯的動物哀悼例子，這些報導充斥著**守靈**、**喪禮**之類的字眼，一些和通常被認為是人類而非動物領域的對死亡的理解（和反應）緊密相關的概念。然而，有些動物行為專家認為，將伴屍描述為哀悼的產物，無非是人格化的做法，不合理地將一些仿似人類的情感和認知歸給動物。「我們在毫無科學依據的情況下隨意地將一種真實、強大且顯而易見的人類情感賦予其他動物，因而削弱了這種情感。」動物學者霍華德（Jules Howard）在《衛報》上說。

不過，我不想把本章用在爭論人格化的隱憂。相反地，我想討論一個問題：死亡對非人類動物**意味著**什麼，因為死亡對牠們來說確實意味著什麼，它對塔蕾夸而言意義重大。而那到底是什麼呢？本章將致力於釐清這個問題。在本章結尾，即使我們確信人類比塔蕾夸或其他動物更能理解死亡較深層次的意義——層次如此之深，我們應該把**哀悼**、**守喪**這樣的字眼獨留給我們的物種使用，除此之外，我們還得面對一個更大的問題：人類是否因為對死亡的理解而優於其他物種？

死亡智慧

動物對死亡了解多少？這點達爾文也很好奇，他在《人類的由來》（*The Descent of Man*）一書中問道，「誰知道當一群乳牛環繞、緊盯著一個垂死或死去的同伴時有什麼感受？」將近一百五十年後，人類學者芭芭拉．金（Barbara J. King）出版了《動物如何哀悼》（*How Animals Grieve*），在書中引用了無數來自不同生物分類學範圍的動物案例，這些動物對社群同伴或家庭成員的死亡，都有著和塔蕾奇類似的反應。她舉的例子包括一些通常被視為聰慧的動物，如海豚，以及不被視為聰慧的動物，「雞和黑猩猩、大象和山羊一樣，擁有悲傷的能力。」金寫道。

動物對死亡了解多少（以及如何哀悼）的問題，是比較死亡學（comparative thanatology）試圖了解動物的死亡知識的科學探索領域的一部分。比較死亡學者想了解動物如何知道某物是活是死，以及死亡對牠們意味著什麼，例如，螞蟻對死亡有所了解，因為死掉的螞蟻會釋放死亡費洛蒙——一種只在屍體開始腐壞時出現的化學物質。當別的螞蟻聞到死螞蟻身上的死亡費洛蒙，就會把屍體扛走，丟到巢穴外。但是你只要向任何螞蟻噴灑死亡費洛蒙，便能觸發這種**屍體移除反應**，看著牠們又踢又喊地被其他螞蟻搬出巢穴，這並不表示螞蟻對死亡有多麼高明的知識，而只是一種非常侷限的識別死亡的方式。

但其他動物對死亡的反應都是一眼就能看出來的，會揹著死嬰的不只限於海豚，在多數靈長類動物中也很常見，母獸每次會揹著幼仔的屍體數天甚至數週，通常伴隨著在人類看來像是哀悼的行為：社交退縮，哀傷的聲音，以及如同芭芭拉・金描述的，「寢食難安」。但即使我們所目睹的確實是悲傷無誤，它也並不等同於對死亡的**理解**。

蘇莎娜・蒙梭博士是維也納獸醫大學的學者，其研究重點是動物界的死亡概念，她認為，「悲傷不必然表示『死亡概念』——它顯示的是對死者的強烈情感依戀。」這就設定了一種情境：當說到動物對死亡的理解，存在著不同程度的複雜性。最基本的稱為**最低限度的死亡概念**，這是許多

（就算不是多數）動物都擁有的一種死亡知識。蒙梭認為，動物要對死亡有最低限度的概念，牠只要能識別兩個簡單的特徵：「1.無機能性（死亡會停止所有身心機能），以及2.不可逆性（死亡是一種永久狀態）。」動物並非生來就知道這些，而是透過接觸了解死亡的。

蒙梭向我解釋說，「要讓動物對死亡產生最低限度的概念，牠必須先對周遭生物的典型行為有些許期待。」例如，出生不久的小海豚會很快學會生物的行為，牠會期待其他海豚上下擺動尾鰭在水中游動，追逐和吃魚，並經常發出口哨聲和咔噠聲。可是當牠初次遇上一隻死去的海豚，牠會注意到這些都沒有發生，而要是牠觀察死海豚久一些，牠便會了解這是一種永久狀態，然後牠的腦子將能把萬物分為生物和非生物。蒙梭認為，最低限度的死亡概念「相對容易獲得，而且在自然界相當普遍」，識別它並不需要特別複雜的認知。因此，悲傷可能會突然出現，這是作為對社群同伴或家庭成員「永久機能喪失」的一種相當直接的情緒反應。

然而，重要的是要了解，只因為海豚能識別死亡，並不表示牠**了解自**

己生命的有限，或者所有生物都必然會死。這是另外兩個非人類動物所缺乏的理解層次。根據蒙梭的說法，「一種極為複雜的個人死亡概念，同時包含了必然性、不可預測性和因果關係等觀念。透過死亡經驗的累積，牠們可能會獲得自己**可能**死亡的觀念，但或許不認為牠們**終將**死亡，我認為這種觀念可能僅限於人類。」

科學家和哲學家之間似乎已有共識，動物和人類對死亡的理解存在著根本差異，尤其是對死亡本身的認識。「所有動物中，」金在《動物如何哀悼》一書中寫道，「只有人類完全預期到死亡的不可避免。」這叫做**死亡突顯性**（mortality salience）：這個科學術語指的是一種知道自己（以及所有人）總有一天會死的能力。但我更喜歡**死亡智慧**（death wisdom）這個較詩意的用語。

我女兒八歲時，有一次在我們為她讀睡前故事然後道晚安後不久，我們聽見她在房裡哭泣，她坐在床上，看來格外傷心。她解釋說她正在想著死亡的事，說有一天她會閉上眼睛，再也不會睜開，再也無法看見、思考或感覺到任何東西，她很害怕，但也描述了一種感覺很陌生的、關於存在的恐懼。我猜你也明白這種感覺：思考自己死亡的現實時的那股難以承受的悲傷感。在那之前我女兒從未談過或經歷過這種事，看了讓人心痛。

問題來了：哪些認知能力是我們擁有（但非人類動物不具備）因而導致我們對死亡有深刻理解的？

時間與彆扭分數的魔咒

根據蘇莎娜・蒙梭的說法，動物對死亡的最低限度概念「既不需要明確的時間概念，也不需要太多的**心理時間旅行**或**情景預見**」，這些都是擁有死亡智慧所需的認知要素——或許也是人類思維獨有的。我將逐一加以討論，以便大家了解是什麼讓我們的物種對死亡有了深刻理解，首先讓我們從**明確的時間概念**開始。

明確的時間概念是了解到明天、後天、大後天的存在，這種知識可以延伸到未來幾小時，也可以延伸到數天、數年或數千年，這種知識也十分明確，因為它是我們能用有意識的頭腦加以分析，進而概念性地理解和思考的東西。這種「了解時間前進的知識」的主要好處是：你可以為未來作規劃。

相較下，動物不需要對時間或「未來」有任何真正的了解，也能勉強維持相當不錯的生活，例如，一隻家貓可以餓了就吃，累了就睡，不必關注明天會發生什麼事。尼采認為，這使得動物比人類更具優勢。

「（那隻）動物沒有歷史地活著：因為牠被侷限在此刻，就像一個整數，不帶有任何彆扭的分數。」

尼采感嘆動物遭受的痛苦很可能比人類少，因為牠們沒有過往知識的負擔，而且全然沒意識到未來會如何。尼采認為動物就像小孩，「帶著幸福的愚昧在過去與未來的圍籬間玩耍。」

這種想法（認為動物過著活在當下的生活）很普遍，也是科學家長期爭論的議題，除了本節即將提到的少數幾個例子，似乎沒有太多物種擁有人類標準的明確時間概念。雖然動物不會思索未來，時間對牠們來說仍是有意義的，或許牠們對時間的含義缺少概念性的明確理解，但幾乎所有生物的 DNA 都深植著一種**隱含**的時間概念。

「所有動物的生理、生化和習性生活都是照著一天二十四小時的規律安排的，」湖首大學生物學教授、晝夜節律生物學專家卡迪納－奧康（Michael Cardinal-Aucoin）說：「牠們的生活是定時的；牠們能預測一些經常發生的週期性事件。」

作為哺乳動物，我們尤其深受一種週期性事件的影響：日出。當我寫下這句話，這一天的預測長度是二十三小時五十九分 59.9988876 秒。在一天當中，月球飄離地球然後又靠近它，這意味著月球對地球的引力不是恆定的，因而也意味著地球的自轉速度不斷在變動，正因如此，地球日很少是二十四小時整。平均而言，月球每年飄離地球約兩吋，這正是數千年來地球日的長度一直在緩慢增加的原因，而在七千萬年前，一天只有二十三個半小時。

這些關於一天長度的波動和變化（在萬物的恢宏格局中）極小，這使得許多物種能夠透過太陽起落的可靠性，演化出許多習性模式，例如，人類使用自然光來校準我們的內在時鐘。和許多哺乳動物一樣，我們在太陽下山時睡覺，隨著一天結束，天光逐漸減弱，我們的松果體[64]會分泌褪黑激素，其作用是向大腦傳達「該睡覺了」的信號。這和一種叫做**腺苷**（adenosine）的化學物質的累積密切相關，這種化學物質會在一天當中在大腦內逐漸累積，並在太陽下山後很快達到臨界水準，產生最終迫使我們上床睡覺的睏倦感。其他物種，像是夜行蝙蝠習於在夜間活動，因此擁有相反的睡眠生成系統：牠們會在太陽升起時昏昏欲睡。在這兩種情況下，太陽都是時間流逝的可靠指標。

有一種更為古老、和光線無涉的系統，可以在所有生物的細胞中追蹤時間。「我們細胞中有一種可以標示時間流逝的分子機制。」卡迪納－奧康告訴我。這種內在時鐘系統是由ＤＮＡ中的**時鐘基因組**調節的，一旦被啟動，這些基因就會開始產生蛋白質——稱為**週期蛋白**（PER proteins）——在夜間流入細胞，最終將產生足夠蛋白質，到達臨界點，時鐘基因於是停止製造蛋白質；接著，PER蛋白慢慢分解，直到它們的數量大量減少，時鐘基因重新啟動，並再度開始製造蛋白質；這過程耗時幾乎二十四小時整——相當於地球自轉一圈。這種稱為**轉錄－轉譯反饋迴路**（Transcription-Translation Feedback Loop，TTFL）的機制存在於大多數生物的細胞中，從植物、細菌一直到人類。它有助於解釋，為何地球上的所有生物（包括一些生活在陰暗洞穴或深不透光的海底的動物）仍然對二十四小時的太陽週期十分敏感。霍爾（Jeffrey C. Hall）、羅斯巴希（Michael Rosbash）和楊恩（Michael W. Young）因在一九八〇年代發現時鐘基因組而獲得二〇一七年諾貝爾醫學獎。在這次發現之前，科學家已知道人類（和其他動物）有一個不需要太陽來自我校準的內在時鐘，但

64 Pineal body，又叫做「松果腺」（Pineal gland）或「腦上體」（Epiphysis cerebri），是一個位於脊椎動物腦中的小內分泌腺體。人腦的松果體很微小，並負責製造一種會對醒睡模式與（季節性）晝夜節律功能的調節產生影響的褪黑激素。

TTFL的發現讓我們了解到細胞是如何實現這點的。

然而，這種透過TTFL對時間流逝所作出的古老細胞反應，以及來自太陽、能告訴我們自己在晝夜循環中所處位置的外在線索，不必然能轉化為對時間的明確覺察。例如，貓絕不可能以人類的方式思考時間，我的貓奧斯卡和所有家貓一樣，是晨昏活動型：在黎明和黃昏時最為活躍。如同其他哺乳動物，牠的細胞使用TTFL來調節內在時鐘，牠的大腦利用相對的陽光量，透過釋放荷爾蒙來誘發或抑制他的晨昏活動。牠對時間的流逝很敏感，但這不能轉化為奧斯卡了解「明天」這類抽象時間概念的含義，更別說「下個冬天」的概念。這類明確知識需要具備蘇莎娜．蒙梭談到人類的死亡智慧能力時提及的其他認知技能：心理時間旅行和情景預見。

想像自己沿著時間之河漂流

讓思緒回到前一晚，你可記得晚餐吃了什麼？你可記得是否喜歡那頓晚餐？你可記得用餐時坐在哪裡？很可能你會想起不少。也許你對吃的東西有很強的視覺記憶，就好像它是印在你腦海裡的一張照片；又或者記憶是由語言編碼的：菜餚和配料的名稱等等；也許它是透過某種感覺回想起來的，例如愉悅或嫌惡。

現在想像一下你正在享用明天的晚餐，想像那是一盤波隆那肉醬義大利麵，而你坐在好友客廳的地板上，你沒有餐叉或湯匙，因此只能用手吃麵，你的好友正在唱一九九七年電影《鐵達尼號》主題曲〈My Heart Will Go On〉。這是個古怪的場景，絕對獨一無二，我用它來說明我們的想像力有多麼獨特。你可以設想一些或許絕不會發生的事，但你依然可以想像那畫面。

這種既能回憶過去又能思考未來的能力叫做**心理時間旅行**，心理學家薩登朵夫（Thomas Suddendorf）和柯博利（Michael Corballis）將它簡明地定義為「人類能在心理上將自己往回投入過去，以便重溫，或者預先體驗許多事件的能力」。它和另一種稱為「情景預見」的認知能力密切相關，「這種能力可以在心理上將自己投向未來，以模擬許多想像中的事件和可能的結果。」我們有機會進入無數想像中的場景，在其中居於中心位置。你可以問自己一個問題：「如果我用手吃義大利麵會如何？」並想像許多可能的結果，包括可怕的結果，例如，在其中一種情境下，你可能會被沒煮熟的義大利麵噎死。

動物要想擁有像人類一樣的死亡智慧，牠們也得具備情景預見能力，但對於大多數物種來說，鮮少證據顯示牠們有。從表面上看，這似乎很奇怪，如果動物無法想像自己身處於未來，牠們又是如何為未來作規劃的？

為了釐清這點，讓我們想想北美星鴉（Clark's nutcracker）出了名的未來規劃技能。這種小型鳥是鴉科的一員（就像牠的親戚烏鴉和渡鴉），並以威廉·克拉克[65]（以路易斯和克拉克探險隊〔Lewis and Clark Expedition〕聞名於世）的名字命名，他在一八〇〇年代初期那次著名的落磯山脈探險中發現了這種鳥。儘管眾人將這次發現歸功於克拉克，不過，當然他並不是第一個看到這種鳥的人，例如在克拉克抵達該地之前，休休尼人已使用**松子鳥**（tookotsi）這名稱近千年之久，因此我將使用這個休休尼用語來取代較常見的「Clark's nutcracker」。

松子鳥的主要食物來源是松樹的種子，秋季種子很豐富，冬季卻十分稀少，因此松子鳥已練就一身囤糧的本事。秋天，牠們會挑出松果中的種子，將它們藏（或稱密藏）在牠們的地盤範圍內（最遠可達二十哩）以便在整個冬季期間取用。牠們每次會將十來顆松子埋入幾吋深的土裡，讓松鼠或其他鳥類難以發現。在一季當中，松子鳥群可以把近十萬顆松子藏在多達一萬個不同的貯藏地點，而且十分驚人的是，牠們能記住大部分的貯藏地點長達九個月。

顯然，松子鳥似乎是在規劃未來，牠們使用了情景預見能力，想像自己身在寒冷環境中，那裡食物稀缺，而儲存種子是防止飢餓的最佳方式，但事實並非如此。春天出生的松子鳥也會經歷這種貯存種子的過程，即使

65 美國首次橫越大陸西抵太平洋沿岸的考察活動，由美國陸軍的梅里韋瑟·路易斯上尉（Meriwether Lewis）和威廉·克拉克少尉（William Clark）領隊。

牠從未體驗過種子稀缺的冬天，牠是在為一個牠不可能知道或想像的未來作規劃。在松子鳥腦中驅動食物貯藏行為的機制根植於牠的演化史，一種不需要動物想像自己處在未來場景的貯糧本能。幾乎所有動物為未來作規劃的例子——蜜蜂採集花蜜並釀蜜過冬，烏鴉為孵蛋築巢，都可歸因於這種本能驅動力，而非心理時間旅行。

德國心理學者畢夏普－柯勒（Doris Bischof-Köhler）曾提出一個著名觀點，就是：只有人類有能力進行心理時間旅行，並在其中想像、規劃與眼前動機狀態相衝突的未來動機狀態。然而，有幾種動物似乎也有能力做到這點，因此也成為非人類動物心理時間旅行能力的最好例子。一如既往，最佳的範例來自我們的近親：黑猩猩。要充分理解這個例子，你需要知道關於牠們行為的一些重要訊息。你對黑猩猩生氣時亂扔東西（包括糞便）的電影和電視情節想必不陌生？好吧，這是真的。以下是珍古德協會[66]對亂扔糞便行為的解釋：

在自然棲息地，黑猩猩生氣時通常會站起來，揮舞手臂，扔出樹枝或石頭——任何可以隨手取得的東西。圈養的黑猩猩無法像在大自然中那樣取得各種物品，而最容易到手的投擲物就是糞便。由於牠們扔東西時往往會得到人們的強烈反應，因此牠們的行為得到了強化，且往往一再重複，這就解釋了為何會有大量關於這主題的 YouTube 影片。

現在，容我向你介紹以怒擲行為聞名於世的桑提諾。桑提諾出生於一九七八年，是一隻生活在瑞典富魯維克動物園的雄性黑猩猩，牠素來習慣對聚集在牠圍欄附近特定觀賞區的人類遊客投擲石塊。一九九七年，動物園管理員注意到桑提諾似乎在幾天內丟出了異常多的投擲物（主要是石頭而非糞便）。進入牠的圍場進行調查時，他們在遊客觀賞區附近的壕溝岸邊的植被下，發現了一堆石頭和其他物品，甚至還有一些牠從圍場另一

66 Jane Goodall Institute，成立於一九七七年，由英國生物學家珍・古德（Jane Goodall）創立，總部設置在美國維吉尼亞州的費爾法克斯縣（Fairfax County）。

邊拖過來的水泥塊。後來研究人員發現，桑提諾會在開園前花數小時收集、存放石塊來預作準備。

然而，正如我們在松子鳥身上看到的，貯藏東西不能作為老練的未來規劃行為（必然涉及情景預見）的證據。然而，桑提諾行為的特殊之處在於：牠早在被激怒而扔石頭之前，就已經在準備石子堆了。根據各方說法，牠在貯存物資時顯得十分平靜，牠正在為一個牠知道自己會發怒的未來預作準備（儘管當時牠並未發怒）。不同於松子鳥，桑提諾似乎在腦中進行時間旅行，並利用這些記憶來想像自己處在未來場景。由於桑提諾似乎是在想像一個感覺不同於當下的未來，牠挑戰了畢夏普－柯勒認為這是人類獨有特徵的假說，調查桑提諾行為的研究指導奧斯瓦特（Mathias Osvath）表示，「不斷累積的數據，讓人對『情景認知系統』為人類獨有的這一概念產生重大質疑。」

對畢夏普－柯勒假說的另一個挑戰來自西叢鴉（western scrub jay），叢鴉屬於鴉科動物，就像烏鴉、渡鴉和松子鳥，牠也和其他鴉科動物一樣，會儲存食物。在一項著名實驗中，幾隻叢鴉被關在兩只籠子其中一只中過夜：一只籠子裡放乾狗糧，另一只籠子裡放花生當作早餐。牠們完全不知道自己會在哪只籠子裡過夜，因此無法確定次日有什麼早餐可吃。在實驗中，叢鴉們可以在白天盡情地吃（因此不餓了），接著可以在過夜的任一間（或兩間）小隔室中被餵食花生和乾狗糧，並把它們貯存起來。最後，這些鳥在餵食花生作為早餐的籠子裡將大部分乾狗糧儲藏起來，並在通常餵食乾狗糧早餐的籠子裡儲存更多花生。換句話說，牠們在執行一項計畫，以便無論自己被困在哪一間小隔室過夜，醒來後都能享用有花生**又有**乾狗糧的早餐。

要注意的關鍵是：叢鴉儲存食物時並不餓；反之，牠們是在想像一種可能會餓的場景。「西叢鴉的行為顯示牠們既關心防止食物短缺，又關心飲食的多樣性。」該研究發起人之一克萊頓（Nicola Clayton）解釋說。「叢鴉可以自發地為明天作規劃，無需參照自己當下的動機狀態，這挑戰了認為這是人類獨有能力的觀點。」

這都是我們握有的最佳例子，足以顯示動物具有情景預見能力，並且能夠加以發揮。儘管引人注目，但這當中有兩個重點要注意。首先，即使動物確實像人類一樣具有情景預見能力，它似乎也不是太常見；其次，這些物種似乎並未像人類那樣充分使用自己的心理時間旅行能力，牠們似乎主要是為（不久的）將來作規劃，因為這和獲取食物有關。我無意貶低這些例子，因為牠們相當優雅地（在我看來）證明了，在非人類心智中確實存在著情景預見。但牠們也證明了動物預見能力的侷限性，因為無論出於何種原因，動物似乎無法將這種技能用於獲取食物（和襲擊動物園遊客）以外的任何事情上。

那麼，這透露了多少關於動物的死亡智慧能力呢？

這是我們目前知道的：大多數動物對死亡的概念極少。牠們知道死亡意味著一個原本活著的生物進入一種永久無機能狀態。我們知道，物競天擇可以賦予動物透過本能行為進行規劃的能力，而不必依賴明確的時間概念，或者任何形式的心理時間旅行或情景預見。我們知道，大多數的動物物種，例如松子鳥，都可以為自己的未來作準備，而不需要情景預見能力，儘管有證據顯示某些物種（例如黑猩猩、西叢鴉）具有情景預見能力，但沒有科學證據顯示，非人類動物能夠針對各種的未來情況加以考慮或規劃，包括自己的死亡。這和人類恰成強烈對比，死亡智慧似乎是人類的領域，而且很可能是我們物種專有的領域。那麼問題就變成了：這到底是好是壞？就物競天擇（和我們自己的理智）而言，死亡智慧究竟是福是禍？

卡珊卓的天譴

演化死亡學（evolutionary thanatology）於二〇一八年作為一門新學科首次被引入研究領域，致力於探索動物（包括人類）如何演化出牠們對死亡的理解以及行為反應。毫無疑問，現代人類對待死者的方式和其他動物很不一樣，因為我們有繁複的文化常規和儀式。眾所周知，古王國時期（公元前二六八六至二一二五年）的古埃及人將社會權貴的屍體製成木乃伊，將他們的內臟（胃、腸、肝和肺）放入卡諾卜罈[67]，並用亞麻繃帶保存遺骸，心臟原封不動，大腦被移除並丟棄。而在現代韓國，遺體被火化，骨灰被壓縮成閃亮的珠子，作為首飾佩戴。另外，在北美的許多葬儀社，訪客可以不必下車，就能讓死者家屬待在車內瞻仰儀容。

演化死亡學不光致力於了解這些人類葬禮習俗如何在文化上演變，也包括我們對死亡的心理理解和反應是如何隨著時間而演變。由於探索已死亡數百萬年的物種心理可能相當困難，因此一個較容易的起點是觀察我們現存的最近親戚：黑猩猩。在一系列揭示演化死亡學領域的文章中，心理學者詹姆斯．安德森（James Anderson）研究了我們所知道（和不知道）的關於黑猩猩對死亡的理解，他寫道：

> 黑猩猩是否理解「所有生物都會死亡（普遍性）」並不明確，但一個合理的說法是，牠們知道其他生物也會死亡。這份認識即使不包括對本身死亡必然性的概念，可能也包含了一種對本身脆弱性的想法。

在關係到死亡的心理學上，對於自身死亡必然性的理解，是人類和動物的主要差異。人類知道自己的死亡是不可避免的，黑猩猩或許也理解這點，但根據相關的科學證據，牠們可能並不理解。這意味著，**智人**從他們和黑猩猩的共同祖先一路演化的過程中，在「預想自己死亡的能力」這點上和最親近的類人猿親屬有了分歧。我們祖先的大腦／心智中起了某種變化，將我們對死亡的最低限度概念變成了成熟的死亡智慧。

那麼想像一下，在某個原人基因組中突然發生基因突變，導致嬰兒出生時第一次擁有了「知道自己終將一死」認知的那一瞬間，這不只是一種假設場景，而是過去七百萬年當中實際發生過的真實事件。當然，單一突變不太可能導致死亡智慧基因突然憑空冒出來，而是一種建立在

67 canopic jar，以石灰石或陶器製成，「卡諾卜」一詞其實源自希臘神話中的人物卡諾珀斯（Canopus），早期的埃及學家因為是在尼羅河三角洲的卡諾坡斯（Κάνωπος）發現這些古物，而「卡諾坡斯」一詞又出自古希臘人對該地的稱呼，因此就誤將這些罐子稱為「卡諾卜罈」。

一系列不斷演化的認知技能——例如心理時間旅行或情景預見所需的技能——之上的持續數千年的物競天擇過程。但不可否認，在我們物種歷史上的某一刻，一個原人嬰兒出生時就擁有了其父母所欠缺的、內建「死亡突顯性」的完整能力，在這個星球的生命史上，死亡智慧初次在一個孩子的腦中綻放。

想像這個苦命的孩子生長在非洲某地，我們就稱她「卡珊卓」吧。在青春期，甚至一輩子都在目睹身邊的家人和動物死去，在了解「死亡」這件事之後，卡珊卓將會第一次因為死亡智慧，感到痛苦占據心頭，就像我女兒八歲左右時所經歷的。如果卡珊卓試圖用她的物種當時擁有的語言能力，向父母解釋她的焦慮，她的父母絕不可能理解。她將活在一種一個人的，生存焦慮的地獄中，地表之上幾乎沒人能理解她承受了什麼。

這種新發現的知識對小女孩有何益處？有充分的理由可以相信，像這樣闖入一個年輕心靈的死亡智慧將會造成極大創傷，以致卡珊卓機能失常，最起碼從演化的角度來看，很難看出這種知識會如何增進她的健康。卡珊卓的雙親和兄弟姊妹肯定已竭力在維持生計，這也是我們史前祖先的常態，他們原本就活在恐懼中，**知道**自己終將一死又有什麼好處？根據各方說法，這女孩承受的精神創傷恐怕已大到足以讓她的基因譜系就此終結。

但這並未發生，相反地，卡珊卓的基因譜系還成了優勢譜系，她作為個人在家族和部落中的成功，使得死亡智慧在整個物種中廣為傳播。從卡珊卓的基因庫中誕生了**智人**，他不僅是現存的最後一個原人物種，也是曾活躍於地球之上的、唯一最成功的哺乳動物物種。

卡珊卓是如何辦到的？在《否定：自欺、假信念與人類心智的起源》（*Denial: Self-Deception, False Beliefs, and the Origins of the Human Mind*）一書中，醫師瓦爾基（Ajit Varki）說明了和已故生物學者布勞爾（Danny Brower）之間的一次對話，是如何引發關於人類心智起源、針對「卡珊卓難題」的假說，他寫道：

這種動物應該已具備對危險、致命情況作出恐懼反應的內在反射機制，但這種無意識的恐懼應該已變成了有意識的，一種知道自己將會死去，而且隨時隨地都可能發生的持續恐懼。在這種模式中，物競天擇將只會偏袒獲得完整ToM（心智理論）的個人，而且大約就在這人獲得否定自己必死性的能力的同時。這種組合將是極為罕見的事件，甚至有可能是現代人類最初物種形成的關鍵時刻，這似乎是我們人類已然踏上的不歸路。

《否定》一書給出的論點是，如果像卡珊卓這樣的動物生來就具有死亡智慧的認知技能組合（相當於前面引言提到的「完整ToM」），那麼牠將會因為「極度負面的直接後果」而無法生存。基本上，牠將會精神錯亂，根本無法生育後代（更別提陪伴孩子成長）。只有演化出將這些必死的念頭區隔開來的能力（瓦爾基稱之為**否定潛能**），像卡珊卓之類的動物才能保持足夠的健全心智來從事生育。

那麼，死亡智慧的演化優勢是什麼？如果它只是一種潛在傾向，只能透過一種否定它的能力來解釋其存在，為什麼它對卡珊卓的助益如此之大，以至於她成了優勢基因譜系？答案如下：死亡智慧有賴於一些認知技能，這些技能對「人類理解世界運作方式」極為有益（例如心理時間旅行、情景預見、明確的時間知識）。我們懂得問事情為何發生，進而作出足以「改變事件走向的預測和規劃」的這種能力，正是第一章談過的，也就是我們的「為什麼專家」資質的一部分。情景預見顯然是涉及此一過程的一種認知能力，而由於死亡智慧是情景預見中不可避免的連帶效應，想把死亡智慧和我們的「為什麼專家」才能脫鉤是絕無可能的。物競天擇似乎看到了人類發問專長的好處，因為它幫助我們繁衍，情景預見和隨之而來的死亡智慧必然也是如此，因此死亡智慧的一個明顯好處是，它關係到（或者可能源自）許多別的認知能力，這些能力使得人類戰勝其他所有原人和大多數哺乳動物，進而稱霸地球。

也可能是死亡智慧藉由增強我們共有群居性的能力，幫助我們物種取得了成功，它非但不是系統瑕疵或多餘的連帶效應，實際上還可能是一種特徵。心理學者歐內斯特．貝克爾（Ernest Becker）以其著作《否定死亡》（*The Denial of Death*）贏得普立茲獎[68]，他在書中解釋，人類的大部分行為以及大部分文化，都是為了回應我們對自身死亡的理解，以及努力想要創造某種可以在死後繼續存在，具有意義與價值的不朽事物而產生的。人類創造了信仰、法律和科學體系，以便為自己找到貝克爾所說的「一種對於基本價值觀、宇宙特殊性、創造的終極效用、堅定不移的意義的感覺」。我們建造寺廟、摩天大樓和多代同堂家庭，期盼「人在社會中創造的事物具有持久價值和意義，它們能超越、凌駕死亡與衰敗，人和他的產物具有重要意義」。貝克爾有力地說明了死亡智慧如何激勵我們創造眾多的不朽計畫，其中有些一旦透過文化傳給後代，對我們的演化適應力可能很有幫助。就拿科學來說吧，既受到個別科學家「對名聲的渴望」的推動，也受到他們「對知識的單純熱愛」所驅動。

貝克爾說得沒錯，無可否認，死亡智慧會產生許多為人類境遇增添價值（和意義）的美麗事物，然而導致人類最惡劣行為的，恰恰是「不朽計畫」在我們文化上的重要性，以及讓它們在我們價值感中占有絕對核心角色的信念。聖戰[69]在關於「邁向不朽之路」本質的矛盾意識形態之間進行；種族滅絕（就像比利時國王利奧波德二世〔Leopold II〕在剛果聯手基督教傳教士所策劃的）則是以我們永恆的諸神（神學和經濟上的）之名犯下的。走在地表的任何一個城市，你都會遇上許多歷史人物的雕像，我們仍知道他們的名字和長像，正是因為他們為了各種錯誤的理由，獻身於攫取惡名。至今你仍然看得到前蘇聯領導人史達林[70]、美國內戰將領福雷斯特[71]和南非

68 Pulitzer Prize，於一九一七年根據約瑟夫・普立茲（Joseph Pulitzer）的遺囑成立的獎項，用以表彰對美國國內在報紙、雜誌、數字新聞、文學及音樂創作等領域的成就與貢獻，目前這個獎項交由哥倫比亞大學負責管理。

69 Holy wars，狹義上指以宗教名義進行的戰爭，廣義上指由「思想、主義」所引發的戰爭。

70 Joseph Stalin，一八七八～一九五三，蘇聯政治人物、政治理論家、革命家，為蘇聯法定第三任最高領導人。

71 Nathan Bedford Forrest，一八二一～一八七七，美國南北戰爭邦聯軍中的高級將領，以及戰後三Ｋ黨的首任領袖。

鑽石大王羅茲[72]等人的紀念雕像，這些雕像有許多是用來讚揚透過戰爭、謀殺和鎮壓同胞而獲得名聲的個人的一生。死亡智慧確實給了我們動力，可以藉由創造藝術與美去尋求永生，但諷刺的是，我們也在尋求死亡。

從演化角度來看，死亡智慧還有其他負面後果，除了前面提到的明顯出錯的不朽計畫（例如種族滅絕）之外，還有死亡智慧的日常負面影響，像是抑鬱、焦慮和自殺之類的事。儘管情緒障礙的根源很複雜，可能涉及多種原因（例如季節性情感障礙，可由缺乏陽光照射導致的激素水平變化引發；或者產後抑鬱，由女性產後的體內荷爾蒙變化引發），但思考死亡的能力無疑會對我們的情緒產生負面作用，其影響之大，以致虛無主義[73]、絕望和死亡念頭都包含在抑鬱症診斷中，其往往就是自殺的潛在原因。目前，全球有兩億八千萬人患有抑鬱症；今年將有超過七十萬人死於自殺，它是五至二十九歲人口的第四大死因。死亡智慧本身當然不是抑鬱症和自殺人數的原因，但毫無疑問是有關聯的。尼采本人或許就是典型的例子，他一生抑鬱以終，同時也在努力解決虛無主義的哲學問題，這些肯定是密不可分的。

我的生活經驗是，我不會花太多時間思考自己的死亡，但偶爾會像我女兒那樣，死亡的現實會在我深夜嘗試入睡時悄悄進入腦海，而恐懼占了上風，但這些念頭來去匆匆，很快會被歌詞或次日的待辦事項清單給取代。我猜大多數人都是如此，只因為我們能思考自己的死亡，不見得表示我們真的會花大量時間這麼做。這就是「死亡否定能力」讓我們保持神智清明的方式吧，它使我們忽略那些病態、擾人的念頭，以便騰出空檔去洗衣服。

總體來看，情景預見以及發問專長的好處，大致上超越了死亡智慧的負面影響。全球有八十億人，而每個人都多少考慮過自己的死亡，光是這個簡單的事實便足以顯示，死亡智慧是可以控管的。就演化而言，死亡智

72 Cecil Rhodes，一八五三～一九〇二，英裔南非商人、礦業大亨與政治家，一八九〇年至一八九六年間出任英國開普殖民地總理。

73 Nihilism，一種哲學觀點，它拒絕人類存在的一般或基本方面，如客觀真理、知識、道德、價值觀或意義。不同的虛無主義立場也持有不同的觀點，例如人類價值觀是毫無根據的、生命沒有意義、知識是不可能的，或者某些實體不存在或毫無意義。

慧的問題並不足以影響我們作為一個物種的成功。

但死亡智慧對日常的影響確實很糟，我相信動物和死亡的關係比我們來得好。如同我們在本章看到的，許多動物確實知道自己會死，牠們知道死亡是什麼，牠們並沒有無知到像前面提及的尼采引言所說的，「帶著幸福的愚昧在過去與未來的圍籬間玩耍。」但儘管擁有這樣的知識，牠們並不像我們遭受那麼多痛苦，原因很簡單，牠們無法想像自己的死亡。獨角鯨永遠不會像尼采那樣哀嘆死亡的幽靈，如果尼采是一頭獨角鯨，他就能免於虛無主義的恐懼。如果我是一頭獨角鯨，我就不會坐在我女兒床邊，看著她因為想到自己無可避免的死亡而眼泛淚光。我甘願放棄我熱愛的任何不朽計畫，只求抹去我女兒心中的死亡智慧魔咒。

Chapter

4

揮不去的同志陰影

人類的道德難題

我們不認為動物是道德的存在。但你以為動物認為我們是道德的存在嗎？一個有語言能力的動物曾說：「人性是一種我們動物起碼不須忍受的偏見。」

——尼采——

橋詰愛平是日本皇軍第六師團的一名士兵，一八六八年三月八日，橋詰的兵團駐紮在海邊的堺市（大阪附近），適逢一艘停泊在港口的法國軍艦杜普雷斯號的士兵上岸。這時明治維新[74]開始僅一年，日本正從幕府將軍（軍事獨裁者）統治的封建制度過渡到中央帝國政府，數世紀來首次允許西方人進入日本領土。這是堺市民眾第一次見到外國人，眼看法國士兵開始隨意地穿過他們神聖的廟宇，和當地人調情，他們驚慌起來。法國水兵的行為完全符合十九世紀上岸休假的西方船員的作風，日本人卻認為這是一種可憎的失禮行為。橋詰和他的同袍奉命去勸說法國士兵回到他們的船上，由於語言隔閡，這幾乎是不可能的。沮喪之餘，日本兵採取行動，抓住其中一人，綁住他的雙手加以羈押。法國人認為這是衝突的開始，紛紛逃回船上，但其中一人順手摸走一面日本軍旗；日本旗手是一個名叫梅吉的消防員，他立刻追上這名法國偷旗賊，並用斧頭劈開他的頭作為報復，法國人也開始用手槍射擊梅吉，橋詰和戰友們則扛起步槍來還擊，法方無論人數或槍枝數都遠遜於對手，他們只不過想探索一下這座小鎮（並和當地婦女搭訕），完全沒有準備要戰鬥。而在短暫的交火之後，日本人殺死了十六名法國士兵。

由於彼此關係還很生疏且不穩定，雙方外交官急著平息怒火，防止流血事件擴大。法國人堅持日本軍方必須為傷亡負責，要求正式道歉，賠償十五萬美元，並處決二十名應對大屠殺負責的日本士兵。

涉及該事件的七十三名士兵全都接受了審訊，其中二十九人承認開了槍，為了向他們的天皇致敬，二十九人全都願意接受處決。由於法國外交官只要求二十人，士兵們去了一趟寺廟，在那裡抽籤決定誰要受死。結果橋詰勝出，沒抽中的九名士兵大失所望，他們抗議命運不公，要求和橋詰及其戰友一起被處決，但他們的請求被否決了。

故事到了這裡，我們發現，所謂正確的道德途徑，可說完全取決於你的文化背景。

74 以日本明治天皇（一八五二～一九一二）為中心推動的現代化建設與內政改革，時間約是西元一八六〇年至一八八〇年間。

橋詰和其他被判死的士兵接受（甚至欣然接納了）自己的命運，但他們不同意自己違反了任何軍事法規，畢竟，是法國人先開的槍。他們要的是修改判決：透過儀式性自殺（切腹）而死，而不是被處決。這麼做會將他們提升到武士的地位，這是所有步兵的終極目標。他們的請求被獲准了，在日本當局看來，這是一個暗中羞辱法國人，並將榮耀（而非懲罰）賦予那些被判死士兵的機會。

一八六八年三月十六日，橋詰和十九名同袍身穿白袴[75]和黑色羽織[76]，在數百名士兵的陪同下乘著肩輿（華麗的有蓋轎子）來到一座佛寺。他們被招待魚和清酒的最後一餐，兩國權貴分坐在切腹場地的兩側，其中包括到場查核日方是否會遵守協議的法國高官：杜普雷斯號指揮官，名字取得頂好的杜佩蒂－圖阿爾[77]。

士兵們一個接一個走向前，他們平靜地跪在榻榻米上，將劍刺入肚子，切斷腹部的腸繫膜上動脈。在極度痛苦中，他們低下頭，由他們的助手實施斬首。切腹是一種在七百年武士歷史中形成的古老習俗，但這是第一次被非日本人目睹，杜佩蒂－圖阿爾含蓄地說：他相當震驚。根據某些說法，杜佩蒂－圖阿爾在儀式當中不斷起身，被那些人在給自己開膛破肚時表現的難以置信的冷靜嚇住了。橋詰排在第十二位，就在他要開始切腹時，杜佩蒂－圖阿爾要求儀式停止，譴責這種血債血還的方式，接著他召集其餘法國要員，匆匆撤回到了船上。

對橋詰來說，這是奇恥大辱，他的正義死亡（為他自己和他的天皇帶來榮耀的機會）被否決了。儘管杜佩蒂－圖阿爾認為中止儀式是一種慈悲之舉，對橋詰來說卻恰恰相反。幾天後，剩下的九名武士被告知，杜佩蒂－圖阿爾已申請撤銷對他們的死刑判決，這對橋詰打擊太大了，他在聽到這消息的當下咬破自己的舌頭，希望能流血而死。對於橋詰等人來說，杜佩

75 しろばかま（shirobakama），白圍裙。
76 はおり（haori），一種長及臀部的日本和服外套。
77 Abel-Nicolas Georges Henri Bergasse du Petit-Thouars，一八三二～一八九〇，法國海軍軍官，曾參加過克里米亞戰爭、戊辰戰爭、普法戰爭和太平洋戰爭。

蒂－圖阿爾所展現的仁慈是比死更糟的劫難。

試想一下這個故事所引發的道德困境：一開始，法國人要求執行死刑作為殺害他們士兵的補償，這點是否合理？以牙還牙的方式是否合乎道德？還是國家批准的死刑原本就是野蠻而不道德的？杜蒂－圖阿爾中止儀式時是仁慈的嗎？如果是，那是誰覺得仁慈？那些被赦免的日本兵肯定不以為然。自殺是不是一種不合時宜的道德準則？如同本故事所示，這些道德問題的答案隨著你問的人、他們來自哪裡，以及身處的時代而異，儘管道德不見得是全然隨意的，但大致取決於文化。

社會文化和歷史背景對於我們視為對或錯的行為的影響如此之大，此一事實顯示，我們的道德感並不是由外在、超自然力量所賦予的單一準則，它看來更像是一套被文化微調過的遺傳規定。果真如此的話，那麼我們的道德能力和其他認知特徵一樣，是演化而來的，至少，對那些研究動物行為的科學家來說似乎是如此。靈長類動物學者德瓦爾[78]出版了許多關於動物社會複雜性主題的精采書籍，宣揚了人類道德演化「由下而上路徑」的觀點，這顯示人類道德（包括宗教信仰）並不是（眾）神傳給我們的，也並非完全來自對於非本質的高層次思考。相反地，它是所有群居動物共有行為和認知的自然顯露（由演化形成）。「道德法則不是從上面強加的，也不是從論證周密的原則衍生而來，」德瓦爾在《倭黑猩猩與無神論者》（*The Bonobo and the Atheist*）一書中寫道，「而是源自開天闢地以來就存在的、根深柢固的價值觀。」

例如，想想其他一些受到古老、固有價值觀滋養的靈長類動物，是如何處理類似堺事件的社交衝突的。例如短尾猴，一種生活在隔海與日本相望的東南亞舊大陸獼猴，如同大多數靈長類動物，衝突是牠們社交生活的常態，戰鬥決定了誰是主子，以及彼此在社會階梯上的位置。短尾猴群體可以多達六十隻，其中以雄性猴王為群體的主要保護者，並且擁有和雌性交配和生育後代的專有權。雄性猴王偶爾會受到年輕雄猴的挑戰，所以必

78 Frans de Waal，一九四八～，荷蘭靈長類學家和動物行為學家。

須維護自己的統治地位。想像一下一個場景，一隻年輕雄猴閒晃到了猴王正忙著給雌猴梳理毛髮的地方，此時年輕雄猴坐下，開始用手指摩挲雌猴的皮毛，尋找蟲子。以地位來說，有權優先替這隻雌猴梳理毛髮的是猴王，這種干擾完全站不住腳。猴王啪的摑了下年輕雄猴的腦袋，來訓斥這個早熟的小子。為了賠罪，年輕雄猴轉過身來，將自己的後背展示給猴王，在他面前擺動屁股。猴王意識到這是一種懺悔行為，抓住年輕雄猴的臀部，緊摟著好一陣子，這是一個信號，顯示牠們的關係已恢復，沒事了。但值得注意的是，兩隻動物都知道某種規則被打破了，必須做些什麼來釐清誰是主子。

群居動物（如獼猴）生活在各種準則中，這些準則支配著牠們在社交世界中該有和不該有的行為，科學家稱這些規則為動物界**規範**。如同接下來將談到的，人類也有用來引導行為的規範，但人類還有用來引導行為的、以道德為形式的額外規範。不同於行為規範，道德不僅要我們以某種方式行事，而且還告訴我們**為什麼**。橋詰認為他應該切腹，**因為**這可以榮耀天皇，讓他像武士那樣死去；杜佩蒂－圖阿爾認為他應該中止執行死刑，**因為**那造成了無謂的痛苦。不同於在幕後運作的潛規則的行為規範，道德立場是經過個人、社會／文化，甚至神祇們明確考量、評估和認定的。

本章旨在說明，我們截至目前提到的這些人類認知技能（例如發問專長、死亡智慧、心智理論），已經從動物「規範性」[79]的泥土中形塑出人類的道德感。此外我也要闡明，儘管缺乏成熟的人類道德思維能力，實際上占據道德制高點的往往是動物。要知道，人類的道德推理經常帶來比起動物界規範性行為所展現更多的死亡、暴力和破壞。所以說人類的道德，就如同我要主張的：實在有點糟。

想想看，堺事件在獼猴作風的修復式正義[80]中會如何得到解決？想像一

79 Normativity，哲學用語，當某個規範具有「規範性」時，意指除非有其他更為重要的規範凌駕了它，否則這個規範就「應該」被遵守。

80 restorative justice，或稱恢復性司法等，透過犯罪者與被害者參與，分享他們對發生的事情的經驗，討論受到的傷害以及如何受到傷害，並就犯罪者可以做些什麼來修復犯罪造成的傷害達成共識。

下，法國人了解到日本人有權保護他們的村莊，因為他們具有猴王的地位，而需要為自己部隊在上岸休假期間的不良行為贖罪的是杜佩蒂－圖阿爾。當武士們圍坐在戶外涼亭四周觀望著，身著軍服的杜佩蒂－圖阿爾會走到跪著的橋詰身邊，蹲在他面前，將屁股高高抬起。而橋詰會抓住杜佩蒂－圖阿爾的臀部，將它緊摟在懷裡好一陣子，在這當中圍觀人群將紛紛點頭讚許。沒人會死，也不會有榮譽或者出於政治動機的懲罰概念。此時只有和解，以及武士抱住法國人臀部的暖心畫面。

屁股抬高

所有動物（包括人類）從生到死似乎都遵從著許多隱密、未經檢驗的潛規則，科學家和學者使用**規範**這字眼來指稱動物社交界的一些隱含規則——這決定哪些行為是被允許或預期的。約克大學學者安德魯斯（Kristin Andrews）和韋斯特拉（Evan Westra）使用「規範性規律」一詞來描述管理動物社會的、以規範為基礎的系統，並把它定義為「群體內的一種由社群維繫的行為從眾模式」。

對於花時間觀察動物的人來說，安德魯斯和韋斯特拉強調的這些從眾模式可說是再明顯不過，例如，我養的雞群有明確的行為模式，可以決定哪隻雞最先吃到我扔進牠們柵欄中的義大利麵。其中一隻雞「影子」在「啄食順序」[81]中占有優勢，總是第一個搶走我扔過去的食物。另一方面，「貝琪博士」接近社會等級的最底層，總是在群體的外圍附近徘徊。要是貝琪博士試圖在輪到牠之前硬闖進去咬義大利麵，就會被影子啄一下，因為貝琪博士這麼做將違反一條關於「誰先進食」的規範。我的雞群有一套決定彼此在進食時該做什麼和不該做什麼的制度（以及違反這些規範的後果），來維持群體的從眾模式（即「啄食順序」）。

韋斯特拉透過 Email 向我解釋，規範並不等同於規則，因為「在實務

81 pecking order，指群居動物通過爭鬥，來取得社群地位的階層化及支配等級的區分現象。

上，你很難判斷動物的某種行為實際上遵循的是什麼規則——如果有規則的話」，而且「其實許多學者和認知科學家認為，比起實際制定一套規則，『感覺』才是社會規範的核心部分」。當規範被打破，通常會造成以負面情緒（侵犯者和被侵犯者雙方皆然）形式呈現的後果，有時還會有積極的懲罰。如果某種規範遭到侵犯，動物會感受到必須以焦慮、不安甚至憤怒的形式去遵守規範的壓力。違反規範通常會導致一些有助於重建現狀的行為，因而消除這那些負面情緒，例如影子啄咬貝琪博士，或者獼猴喜歡的抱臀部和解技巧。動物感受到的遵守規範的壓力，以及牠們所經歷的以負面情緒形式呈現的，違反規範的後果，是所有動物群體賴以維持社會架構的要素。

雞之類的動物不需要太多複雜的認知方式，就能讓這些社會規範冒出來，同時透過負面情緒引導牠們的行為，雞不需要用心智理論來猜測其他雞對啄食順序有多少了解。我的雞群也不必透過因果推理，思索貝琪博士為何應該等到最後吃，以及這是否公平合理。對動物而言，多數規範都是這樣運作的，而這樣的行為模式，其實由一些很欠考慮的情緒所引導的。事實上，對人類而言，大多數規範也是如此。

人類行為受制於一些已經內化但未經明確教導的規範，因為它們未經檢驗和教導，因此不受好／壞或對／錯觀念的限制，沒有被提升到道德層次。想想「替別人擦臉」是不是可被接受的規範，你所生活的社會十之八九不會接受當街拿著餐巾走向陌生人，替他們擦去嘴角食物殘渣的做法。這是一種我們特別保留給孩子、親人或密友的親密舉動，完全不是我們會對陌生人做的事。沒人教過你，但你依然遵守這規則，而且很可能你在此之前從沒想過或看過這種擦臉規則，這也證明了，你早在我提到這規則之前就把它內化了。嘗試用餐巾擦拭陌生人的臉確實會讓你渾身不自在，這正是規範的典型本質：一種透過「操控情緒」來引導你的行為的潛規則。

動物（包括人類）心中潛藏著許多有助於產生規範性的行為情緒類型，其中有些比感覺不安要複雜得多。想想關於「公正」的情緒。當科學家掃描一些必須分配食物給飢餓兒童的人的大腦，發現在食物分配不公時，他們腦中涉及情緒反應的區域（島葉皮質）被啟動了。「考慮到島葉皮質在情緒以及公平性判斷中的作用，」主要實驗發起人許明告訴ABC新聞，「我們得出結論，情緒是公正性判斷的基礎。」換句話說，公平、公正性並非人類腦中的高層次道德判斷，而是潛藏在我們意識邊緣，由情緒所驅動的規範。因此，若說公平公正性同樣存在其他動物腦中，也就不足為奇了。

關於動物界公平性的最著名實驗或許是由布洛斯南（Sarah Brosnan）和德瓦爾（Frans de Waal）指導的，他們提供一組捲尾猴不同的食物作為完成任務的獎勵，來測試牠們對社會不平等的敏感性。在二〇一一年的TED演講中，德瓦爾為觀眾播放一段影片，展示了兩隻並排待在籠子裡的雌猴（蘭絲和冬冬）。一位研究人員在蘭絲的籠子裡放了一塊石頭，牠把石頭遞還給研究人員，得到一片小黃瓜作為獎勵，接著研究人員將一塊石頭放在冬冬的籠子裡，牠把石頭交還，拿到一顆葡萄作為獎賞，捲尾猴對葡萄的喜愛遠勝過對小黃瓜，蘭絲很有興趣地看著這種互動。研究人員再次放了塊石頭在蘭絲的籠子裡，並再次給了牠一片小黃瓜作為交換，蘭絲嘗了嘗，發現是小黃瓜而不是葡萄，粗暴地把它扔回給研究人員，接著牠憤怒地敲桌子，把籠子搖得嘎嘎作響。這證明蘭絲似乎覺得牠完成了相同的任務卻獲得較差的獎勵是不公平的，蘭絲是在回應研究人員違反公平性規範的行為。

然而，這並不表示蘭絲必然具有道德感，顯然，帶來道德準則的公平感，是建立人類司法和法律體系的基石。這正是堺事件中驅使法國人和日本人出現那些行為的原因，但是，下意識的公平觀念，只是武士法典之類的東西所呈現的道德複雜性的陰影。「因為光是觀點是不夠的，」德瓦爾主張，「我們力求建立一個邏輯連貫的體系，並就死刑是否符合生命神聖性的主張，或者某種天生的性取向是否違反道德等議題展開辯論。這些爭論是人類獨有的，這就是人類道德的特別之處：一種朝著普遍標準（結合了辯解、監控和懲罰等複雜系統）邁進的發展。」

和動物不同，人類對「對」與「錯」有著理由詳盡、周密、正式又明確的規則，而且和動物不同的是，我們會隨著文化和社會的發展，不斷調整我們所認為對錯的事物，我們會從一些關於道德和倫理本質的哲學與宗教討論中得出這些正式的概念。想想我們能舉出的，關於不該吃豬肉的種種理由，例如一名猶太－基督教宗教領袖可能會主張吃豬肉是錯的，因為聖經認為牠們是「不潔」的動物。一名廢除主義者[82]認為任何型態的動物利用本質上都是錯誤的，他可能會主張吃豬肉是錯的，因為有感覺的非人類動物天生擁有不被視為財物的權利。立法者可能會認定吃豬肉是可以的，但前提是豬隻必須由持有執照的屠夫在經過核准的屠宰場處理，而且肉全都要根據相關健康法規進行加工。這種種代表了對與錯的道德和法律體系（以及**對**、**錯**本身的定義），主要取決於人類將這些觀念留存在「意識心智」中，並透過語言媒介將它們形式化的能力。

那麼，**智人**又是如何從其他動物也具備的規範體系中創造出道德體系的呢？是否需要語言之類的認知技能？發展心理學者托馬塞羅（Michael Tomasello）在其著作《人類道德自然史》（*A Natural History of Human*

Morality）一書中形容人類道德是在人類「適應新的、人種獨有的社會互動和組織形式」時出現，導致**智人**成為「超合作靈長類動物」的「一種合作形式」。托馬塞羅認為，這種以合作為基礎的道德，它最初的演化對心智理論前身的依賴超過了對語言。他想像了我們演化史的一個時期（早在第一章提到的巴林哥湖周邊的人類祖先出現之前）當時遠古原始人開始做一件新奇的事：兩人一組狩獵。和同伴一起打獵需要了解對方和你有著共同目標（例如一隻羚羊），這種對另一個生物的目標的理解（稱為共同意向性）是心智理論能力（不光了解目標，也了解信念）的前身。有證據顯示，有些非人類物種（如黑猩猩）也會像這樣從事需要共同意向性的狩獵活動。在托馬塞羅的想像場景中，一種「我們倆」的感覺在其中浮現，雙方對於同伴在共同合作和獵殺羚羊時該怎麼做，都有著明確的期待。規則和規範開始出現，幫助我們確定獵殺成功後，肉的正確分配方式，好讓「我們倆」

82 abolitionist，起源於一場以廢除奴隸制度及奴隸貿易而展開的政治運動，其運動開始於啟蒙時代，並在十九世紀推至高峰。

的成員對狩獵的貢獻都能得到公平的報償。

一旦人類在十萬年前逐漸聚集成更大的群體，人類道德演化的下一階段就開始了：從共同意向性轉變成「集體意向性」。兩人狩獵配對中的「我們倆」（we）在人類演化史上的某個時刻升級為部落的「我們」（us），我們的祖先更能準確猜測彼此在想什麼（透過發展成熟的心智理論），而且能運用語言探究別人的想法，大規模地協調行動。一旦人類群體和其他群體展開競爭（和戰鬥），這種「我們」和「他們」的部落意識衍生出一套新準則，規定其他人「應當」做什麼以便繼續作為「我們」的一員。結合語言，你可以看到這種集體意向性產生了正式的規則和法律，藉以管理大型社群中的個人行為。

但是隨著社會的發展，語言和心智理論並不是促成人類道德感產生的僅有要素。不同於動物，人類能思考那些從我們腦海中冒出的規範性情緒的本質和起源，不僅會問自己「它們從哪來」，也會問當初「它們為何會出現」。我敢說地球上大多數人都不會同意一個觀點，就是規範是許多物種共有的，用來調節社會互動的一種，古老的演化適應方式。多數人會認為，讓人產生道德行為的種種規範，是由某種超自然存在放在我們心中的。或者有一種普世道德準則，它是存在結構的一部分，而只有我們這個物種擁有深入思考的心理工具，這些結論是我們「為什麼專家」天性的自然展露。結合這種探詢專長和我們的死亡智慧，你就有了「為什麼人必須死？」的疑問，這密切關係到一個課題，就是我們在世時應該如何表現，以防萬一它影響到我們死後的遭遇。這些問題最常見的答案涉及宗教解釋，如天堂和地獄、輪迴等。甚至一些並非超自然的解釋，例如道德的起源和價值，以及如何擁有美好生活等，全都是我們的「為什麼專家」思維的產物。幾千年來，哲學家們一直在創建正規的道德體系來引導我們的行為，而它們全都建立在我們針對一個問題（哪些行為是好是壞？以及為何該選擇一種行為，而不是另一種？）進行系統化思考後的應用之上。

人類道德行為的特殊性在於，它能夠被大規模地形式化、分析、修正和傳播。理論上，這使得我們對是非概念有了比動物更複雜的理解，畢竟動物受制於一套有限的情緒，只能在小得多的規模內產生行為規範（但不是明確的規則或法律）。你可以辯說，這些人類認知特性讓我們成為一種高等道德動物，或者如同托馬塞羅所寫，使得人類成為「唯一的道德生物」。但我認為，人類遵從他們道德思維的行為方式，反而導致了真正瘋狂的行為（從演化觀點來看），實際上可能使我們比其他物種**更不**道德——如果我們把**道德**定義為產生有益行為，並將痛苦和苦難降到最低的能力的話。為了證明這點，我只需要看一下加拿大最近的報紙頭條[83]。

為了保住小鎮，有必要毀了它

加拿大第一任總理麥唐納爵士[84]認為，西方白人文化優於所有其他文化，加拿大原住民在西方社會中的融合，即使不是一種道德義務，也是一項崇高使命。在他的領導下，加拿大政府制定了一八七六年的「印第安人法」，列出政府將「第一民族」[85]同化到西歐文化的措施，包括禁止本土宗教和文化儀式。

但政府認為他們需要一個更積極的系統，以加速同化的發生，一個顯而易見的起點是原住民青年的再教育。於是，寄宿學校制度於一八八三年正式實施，目標是「將土著兒童和他們的家人分開，以盡量減少、削弱家庭關係和文化連結，並向兒童灌輸新文化——法律上占有優勢的歐洲基督教加拿大社會的文化」。麥唐納爵士在一八三三年對下議院的演說中提到寄宿學校的設立時表示：

83 作者現居加拿大。

84 Sir John Alexander Macdonald，一八一五～一八九一，加拿大首位總理，政治生涯長達四十多年，在加拿大聯邦中，扮演著舉足輕重的角色。

85 譯註：First Nations，加拿大一九八二年憲法規定，加拿大原住民包括第一民族（也稱印第安人）、因紐特人（Inuit，也稱愛斯基摩人，分布於北極圈周圍）、梅蒂斯人（Métis，具有法裔與原住民的混合血統，分布在西部草原三省等地）。

當學校在保護區內，孩子和身為野蠻人的父母住在一起，他身邊都是野蠻人，雖然也能學習讀書寫字，但他的習性、訓練和思維模式都是印第安人的，他不過是一個會讀書寫字的野人。身為行政主管，我一直敦促自己讓印第安兒童盡可能遠離父母的影響，而這麼做的唯一辦法就是將他們送到中央工業職訓學校，在那裡養成白人的習性和思維模式。

加拿大寄宿學校系統由聯邦政府資助，但由羅馬天主教、聖公會、衛理公會、長老會和加拿大聯合教會營運，截至一八九六年，加拿大共有四十所這類學校。到了一九二〇年，所有七到十六歲的土著兒童都有義務入學，年僅四、五歲的孩子被強行帶離家園，並帶往數千哩外的寄宿學校的椎心故事層出不窮。寄宿學校倖存者丹尼爾斯，敘述了一九四五年在他位於薩斯喀徹溫省詹姆斯史密斯保護區的家中發生的事，當時一名「印第安代辦」（聯邦政府代表）來帶他去寄宿學校：

我一個字也聽不懂，因為我說的是克里語，克里語是我們家族的主要語言，所以我爸爸有點生氣，我一直看到他指著那個印第安代辦。後來，那晚我們準備睡覺，那是一間我們全家同住的單房小屋，我聽見我爸爸正在和我媽媽說話，好像在哭的樣子，但他說的是克里語。他說：「要嘛孩子們去寄宿學校，要嘛我去坐牢。」他是用克里語說的，因此我偷聽到了。所以第二天早上我說話了，全家起床後，我說，「好吧，我去念寄宿學校。」因為我不希望我爸爸去坐牢。

一到學校，兄弟姊妹就被分開（進一步切斷他們的家庭關係），他們被禁止說自己的母語。學校環境很惡劣：透風、寒冷、狹窄、衛生條件差，而且食物飲水供應不足；疾病肆虐，同樣猖狂的是教會領袖和學校員工的肉體及性虐待。一份政府報告指出，「未能制定、實施並監督有效的紀律等於傳達出一種無聲訊息，也就是你可以在寄宿學校牆內對原住民孩子們毫無底線地為所欲為。方便之門很早就敞開，對學生的肉體及性虐待達到了駭人聽聞的地步，而且在整個系統存在的期間始終持續著。」

在一九五六至五七學年，寄宿學校入學的兒童達到一萬一千五百三十九人的高峰，截至一九九六年最後一所學校關閉為止，總共有十五萬名兒童曾在加拿大寄宿學校就學。在寄宿學校制度實施的一百多年裡，至少有三千兩百人死於校內，多數有紀錄的死亡事件是由肺結核引起，但大部分死亡事件（51%）並未列出具體原因。這些學校的死亡率和罹病率遠超過當時的全國平均水平，在學校死亡的孩子也很少被送回家埋葬，而是被葬在校園內的墓地（通常是無名墳墓）。

真相與和解委員會（Truth and Reconciliation Commission，TRC）二〇一五年的一份報告揭露了加拿大印第安寄宿學校系統的慘狀。TRC的成立，是繼七千多名寄宿學校倖存者，對加拿大聯邦政府提起集體訴訟成功後所達成的其中一部分協議，根據真相與和解委員會的報告，打從第一次和加拿大原住民互動，加拿大政府就有了文化滅絕的目標。TRC報告指出，「校長們在年度報告中聲明前一年有特定數量的學生死亡，卻不透露他們名字的情況並不罕見。」當這些學校最終關閉，這些無名兒童的屍體也被遺忘了，但經過印第安族數十年的請願，如今他們總算得以對這些遺址展開調查，而這些孩子的屍體（和名字）也終於被找到。

二〇二一年五月二十七日，一名受僱於英屬哥倫比亞省甘露市德甘柳斯蘇斯瓦族的探地雷達專家發布了一份初步報告，揭露了在前甘露市印第安寄宿學校發現的兩百一十五名兒童遺體。一個月後，位於薩斯喀徹溫省馬里瓦爾村的馬里瓦爾印第安寄宿學校舊址，發現了七百五十一座無名墳墓。自二〇二一年的報告出現後，加拿大新聞媒體揭露了當年在這些寄宿學校犯下的諸多暴行，而該國也在努力面對一個現實，那就是政府（在和許多基督教會密切合作下）必須對犯下文化種族滅絕罪負責。

根本上，這些暴行是道德推理的產物，麥唐納爵士將寄宿學校視為道德義務，是讓原住民兒童符合現代西方價值觀的最佳解決方案，教會也在類似的誡命下運作，只是這直接來自他們的聖經解釋。在《新約聖經》中，耶穌向門徒講述了上帝希望傳播有關他的教義的消息；在《馬太福音》第二十八章十九至二十節，耶穌說：「所以你們要去，使萬民作我的門徒，奉父、子、聖靈的名給他們施洗，又凡我所吩咐的，都教訓他們遵守。」開始於十七世紀，並盛行於寄宿學校，直到一九九六年學校關閉的加拿大傳教工作，都是基於這些神聖律令。想想埃爾金山寄宿學校校長羅斯牧師（Reverend Samuel Rose）的說法，他寫到必須打破他年幼的奇珀瓦族學生及其文化的聯繫：

本年級將產生一個世代，他們要嘛延續祖先的風俗習慣，要嘛在智力、道德和宗教上得到提升，躋身全世界進步、有智慧的國家之列，在全球如火如荼展開的偉業中扮演一定角色；或者欠缺必要條件，無法占有一席之地並發揮作用，遭到鄙視並被推下舞臺，不復存在！

這正是為文化種族滅絕辯解的神聖道德推理。

加拿大所有參與寄宿學校計畫的教會，都對他們涉入這種恐怖行徑公開道歉，而負責經營七成寄宿學校的天主教會則直到二〇二二年四月才表示歉意，那是在印第安人[86]、因紐特人[87]和梅蒂斯人[88]代表前往羅馬，要求教宗方濟各[89]承認教會在加拿大寄宿學校系統中扮演的角色，並致歉之後的事。人們只能猜測他們遲不道歉的原因，但大致可以歸結為：教會不認為自己做錯了什麼。許多教會領袖也是如此主張。在甘露市寄宿學校發現兒童遺體的消息傳出後，安大略省密西沙加市的一名天主教神父發布了一段YouTube布道影片，他在片中說：「全國三分之二的人都正為了發生（在甘露市）的悲劇指責我們熱愛的教堂，我想會有同樣多的人感謝教會在這些學校的善舉，但當然，從來沒人提過這問題，我們甚至不能說那裡曾經

86 American Indian，是對除因紐特人外的所有的美洲原住民的統稱，並非單指某一個民族或種族。

87 Inuit，美洲原住民之一，分布於北極圈周圍，包括格陵蘭與阿拉斯加，和加拿大的努納武特地區、西北地區、育空地區、魁北克等地。

88 Métis，加拿大的原住民的一個族群，具有原住民和法裔加拿大人的混合血統。

89 Franciscus PP.，天主教會第二百六十六任教宗，是繼額我略三世（Sanctus Gregorius PP. III）後，一二八二年以來首位非歐洲出身的教宗。

有過善舉。」

這例子點出了人類道德能力的陰暗現實：作為一個物種，我們可以基於道德上的理由來正當化種族滅絕。不單是文化種族滅絕，而是對包括兒童在內的全體住民和種族群體的謀殺。在紐倫堡對納粹戰犯的審判期間，黨衛軍首腦奧倫多夫[90]冷靜解釋了，為什麼當年他監督數千名猶太兒童被謀殺是正當的。「我相信，如果從一個事實出發，那就很容易解釋了，那就是（元首的）命令不光是試圖實現安全，而是**永久**的安全，以免孩子長大後，無可避免地，由於父母被殺，他們構成的危險將不亞於父母。」換句話說，為了保障後代德國人的安全，必須消滅猶太兒童，免得他們長大後怨恨納粹殺害他們的父母。如果只是著眼於未來，試圖將社會的苦難降至最低，這種道德立場也算合理，但這實在是可憎、駭人聽聞到了極點，讓人對納粹為其行為辯護的能力感到不寒而慄。

在加拿大寄宿學校設立之初，許多政治和宗教領袖便相信他們（如同納粹）是一股向善的力量，認為土著兒童的磨難和死亡最終是值得的。想想一九一三至一九三二年間擔任印第安事務部副部長的斯科特[91]寫下的關於這些學校價值的駭人字句：

> 眾所周知，由於緊密居住在這些學校裡，印第安兒童失去了對疾病的天然抵抗力，死亡率也比村莊裡的孩子高了許多。但單憑這點不能斷定本部門必須改變政策，我們正朝著印第安問題的最終解決方案[92]邁進。

這種道德推理只可能出現在人的認知方式中，相較下，特定物種社群內的動物行為（受到規範性引導）如同下一節將提到的，遠沒有那麼暴力和具有殺傷力。雖然有動物殺嬰（如同在類人猿親戚或海豚身上看到的）

90 Otto Ohlendorf，一九〇七～一九五一，納粹時期的德國黨衛軍官員和大屠殺肇事者，經濟學家，在一九五一年被處以絞刑。

91 Duncan Campbell Scott，一八六二～一九四七，加拿大公務員、詩人和散文作家，一九一三至一九三二年期間擔任印第安事務部副部長。

92 譯註：Final Solution，是納粹一九四二年萬湖會議議定書（Protocol of Wannsee Conference）中所述猶太人滅絕計畫的委婉用語。

或導致個體死亡的群體內暴力等例子，但動物不具備因為對道德權威的要求而產生的，組織性殺害自己群體中的子群體的認知能力。

同志信天翁的智慧

除了人類，最佳（或最糟？）的、令人反感的同種暴力行為案例發生在黑猩猩身上。和其他類人猿動物相比，黑猩猩出了名的嗜血，這話毫不誇張。為了保衛自己地盤，敵對黑猩猩群體會展開公開戰鬥，偶爾還會互相毆擊至死，但牠們也會秘密襲擊對方的地盤，以雄性對手為目標進行狙殺。在《雄性暴力：類人猿與人類暴力的起源》（*Demonic Males: Apes and the Origins of Human Violence*）一書中，靈長類動物學者蘭厄姆（Richard W. Wrangham）和科普作家彼得森（Dale Peterson）指出，這些襲擊的特點是「沒來由的殘暴，例如扯下皮膚，用力擰斷四肢，喝受害者的血——讓人想起一些在平時被視為罪大惡極，在戰時被視為暴行的人類行為」。

靈長類動物學者赫迪（Sarah Blaffer Hrdy）在她的二〇一一年著作《母親與其他人：相互理解的演化起源》（*Mothers and Others: The Evolutionary Origins of Mutual Understanding*）的開頭描述了黑猩猩的暴力天性。她指出，即使面對粗魯的乘客和哭鬧的嬰孩，人類也能一起擠在飛機上數小時而不訴諸暴力。「如果我和一大群黑猩猩一起搭飛機會如何？」她問。「如果最後誰能活著下飛機，手指和腳趾完好無缺，嬰兒還在呼吸而且沒受傷，那可就太走運了，通道上八成會散落著血淋淋的耳垂和其他器官。」換句話說，黑猩猩非常兇猛，動輒施暴，經常打得你死我活。

但比起人類表現出的暴力，即使是這種行為也大為遜色，而我們的道德推理正說明了這點。我們從未觀察到黑猩猩殺死敵對群體中的每個成員（雄性和雌性、幼仔和新生兒），黑猩猩在戰鬥時所遵循的潛規則或規範是，只消滅少數精選的個體（通常是成年雄性），來降低對手群體的危害。或許，如果牠們擁有似人類的認知能力，讓牠們能夠把行為規範變成正式的道德規範，那麼這類襲擊行為的範圍和破壞力就會大得多。但牠們沒有。相較之下，當人類展開戰鬥，倘若符合贏得戰爭，繼而帶來和平的更遠大（道德上站得住腳的）目標，他們會合理化毀掉住著一般平民（包括兒童）的整座城鎮的行動。所以才會出現這句惡名昭彰的名言，「為了保護它，有必要毀了它。」[93]這是一名美國陸軍少校為越戰期間轟炸檳椥市（儘管城裡有兒童）的行動辯護時說的話。就像許多人類道德抉擇一樣，軍隊殺死平民的決定來自我們獨特的道德推理能力（亦即將規範性行為加以正式化、分析、修正並大規模傳播的能力），這是一種黑猩猩欠缺的技能，也是為什麼即使我們最暴力的動物親戚，都還不如我們暴力的原因所在。雖然人類的合作能力的確可以解釋，為什麼「面對面的殺戮對人類來說比對黑猩猩更難以接受」——如同赫迪在《母親與其他人》一書中所說。以及為什麼，儘管全球每年有十六億飛航乘客，「截至目前還沒聽說有肢解事件」，但也正是這種合作能力給了人類（而非黑猩猩）轟炸檳椥市孩童，以及建立印第安寄宿學校的能耐。

但是為了闡明我的觀點（由於人類複雜的道德推理能力，結果往往導致不必要的暴力行為規範）我不想談論戰爭，我想談談同性戀。生物學者巴爾薩澤（Jacques Balthazart）在《同性戀的生物學》（*The Biology of Homosexuality*）一書的序言中寫道，「人類的同性戀在很大程度上，即使不是人類獨有，也是由出生前或出生後不久就起作用的生物因素決定的。」換句話說，人的性取向主要是與生俱來的，他透過對動物同性性行為的研究得出這結論，研究中有大量證據顯示，同性戀不僅不是人類獨有，而且是大多數物種的常態。對一些研究動物行為和生物學的科學家來說，這已是老生常談了，也因此巴爾薩澤寫道，「讀本書的科學家會想，『這些我們早就知道了』……但無論如何，這些訊息要嘛沒能進入實驗室外的世界，要嘛呈現方式不夠明確，以致無法影響一般民眾對

93 「It became necessary to destroy the town to save it.」出自戰地記者彼得．阿奈特（Peter Arnett）最著名的越南戰爭報導，發表自一九六八年二月七日，後被廣泛引用，但阿奈特從未透露他的消息來源。

此事的看法。」

他說得沒錯，因為我很意外和我談論動物行為的人當中，有很多對動物界的同性戀行為之普遍吃驚不已。我常和動物同性戀懷疑論者，介紹貝哲米（Bruce Bagemihl）所著的《生物的豐富性》（*Biological Exuberance*），這是一本一九九九年的書，裡頭細述了三百多種可被歸為同性戀的、各式各樣不同的動物物種，從同性性行為、情愛、配偶關係到親職等無所不包。但考慮到演化是基於動物繁殖後代的需要，同性戀如此普遍似乎很奇怪，這也是反同性戀團體經常提出的一個議題，希望（誤導性地）指出同性性行為不合乎「自然」。但關於動物同性戀的文獻顯示，一些特定物種的同性性行為並不會對物種的繁殖率產生負面影響，因此這是個假議題。以黑背信天翁為例，這種巨型鳥類建立了長達一生的配偶關係——兩個個體終生相守，在數十年當中進行交配並共同撫養後代，而這種終生伴侶關係有些也發生在同性伴侶之間。一項針對生活在歐胡島的黑背信天翁的調查顯示，終生伴侶中有三分之一屬於雌性同性配偶，然而其中有許多配偶的一方或雙方會在某個時候和雄性交配，產生受精卵並由雌性配偶共同撫養。動物界的許多同性戀案例都是這樣運作的，當中的同性性行為只是個體典型行為的一部分，而且牠們仍然會進行繁殖來確保物種生存。倭黑猩猩也許是最好的例子：個體會經常性地在同性和異性伴侶之間進行性行為，導致很多同志愛，但又有很多幼仔。

只被同性成員吸引的情況比較罕見，但並非絕無僅有，像是在豢養綿羊中，據估計有一成牡羊（雄性）只對和其他牡羊交配感興趣。調查此一現象的研究人員發現，比起異性戀綿羊，這些同性戀公羊的大腦存在著差異——下丘腦[94]局部的神經元叢比較厚。造成差異的原因在於，公羊在出生前的發育期所接觸的雌激素量的多寡，換句話說，正如巴爾薩澤在他的書中所說，這些公羊生來就是同志。凡此種種都顯示，在動物界中，（天生的）同性戀並沒有多麼不尋常或值得大驚小怪。

94 Hypothalamus，又稱下丘腦、視丘下部，是調節內臟活動和內分泌活動的較高級神經中樞所在。

儘管同性相吸現象頻頻發生，卻並未威脅到數百種出現同性戀現象的物種的生存，這也是為什麼似乎沒有物種演化出社會規範來懲罰那些從事同性性行為的個體。換句話說，雖然同性相吸並非人類獨有，恐同症卻是。

當然，在過去與現在的許多文化中，同性戀被常態化、接受甚至支持。例如，在日本歷史的大半時間裡，同性關係並未被污名化，男男之愛與性的故事向來和武士階級密不可分，也是橋詰愛平及其武士同夥會視為完全無可爭議的事。但在許多現代文化中（尤其是具有猶太－基督教根源的西歐、中東和非洲文化）同性戀不只在社會上難以被接受或者有爭議，而且還是非法、會被處死的。伊朗的伊斯蘭刑法典，於一九七九年伊斯蘭革命之後頒布，宣告男性之間的同志性愛是死罪，可處以死刑。二〇一三年皮尤研究中心一項民意調查發現，許多中東國家民眾對同性戀持負面看法，九成七約旦人、九成五埃及人和八成黎巴嫩人認為同性戀「應該受到抵制」。即使目前表面上對LGBTQ[95]群體相當寬容的西方國家，源自猶太－基督教價值觀的反同情緒也所在多有。性轉換治療——試圖透過各種形式的「療法」來改變人們不想要和「不自然」的性傾向——往往針對未成年人，而且在美國大部分地區都屬合法。通常由具有基督教信仰的治療師實施，儘管根據美國心理學會工作小組二〇〇九年的一份報告，「經科學證實的研究結果顯示，個體不太可能透過（性轉換治療）而減少同性吸引力或增加異性的性吸引力。」

這種對同性戀的道德排斥並非都起因於宗教。納粹（顯然非關宗教）不贊成同性戀（尤其是男性同性戀）的理由很簡單，因為它偏離常態，而反常的東西當然不適合納入第三帝國。隨後，超過十萬名男同性戀者被捕，數以萬計在集中營被處決。

實際情況是，在近代歷史中，全球有數百萬人因反同性戀情緒而遭受

95 女同性戀者（Lesbian）、男同性戀者（Gay）、雙性戀者（Bisexual）與跨性別者（Transgender）、酷兒（Queer）和／或對其性別認同感到疑惑的人（Questioning）的英文首字母縮寫。

暴力或死亡。LGBTQ群體成為暴力犯罪受害者的可能性是普通人口的四倍，而這只是在美國，該國的同性戀行為已不再被定罪，麥當勞等公司還在同志驕傲月[96]期間自豪地掛起彩虹旗。我們只能推測俄羅斯等國家的暴力發生率（該國並未收集恐同攻擊事件的數據），二〇一八年的一項調查發現，63％的俄羅斯人認為同性戀者正圖謀「藉由非傳統性關係的宣傳，摧毀俄羅斯人創造的精神價值」，五分之一俄羅斯人認為同性戀者應該被「消滅」。儘管實際上同性戀在人類中和在其他物種中一樣普遍，這一切還是發生了。在美國，約有 4％的人自認是女同、男同、雙性戀者或跨性別者，而報告中有超過 8％的人曾有過同性性行為，11％的人承認多少會被異性吸引。這些數字和綿羊相當，但比起倭黑猩猩的同性活動則明顯**偏低**。

結論是，人類透過複雜的道德思考能力，已經把一些對其他物種來說不構成規範問題的東西，變成一種我們可藉以替邊緣化、羅織罪名、處死甚至種族滅絕等行為辯護的議題。我認為，這是動物在處理歧異方面遠遠優於（意思是，較不暴力和具有破壞性）絕大部分人類文化的一個例子。顯然，同性戀不僅在動物世界中十分常見，而且完全不具破壞性，甚至可能有利於維繫動物社會。那麼，為何獨獨人類有恐同症呢？這謎團恐怕只有在了解人如何透過道德思考能力將自己一步步逼入絕境之後才能解開。少數文化和宗教相信同性戀是一個道德問題，數百萬人類同胞必須為此受苦，反同性戀情緒非但在其他物種行為中找不到相仿情況，而且還為我們物種的成功大大製造了障礙，它不只散播社會不和，還導致大量人口蒙受苦難。透過圍繞著同性戀這個不是問題的「問題」在道德上的忸怩作態，給我們這個物種帶來了什麼生物學優勢？完全沒有，它只是可悲地證明了人類道德推理的殘酷性。

96 Pride Month，每年六月，人們都會高舉彩虹旗幟為全球同性戀、雙性戀、跨性別社群（又稱LGBTQ+）表示支持與認同，所以六月又被稱為「同志驕傲月」。

失去人的道德威望

我們物種的歷史，也就是替暴力行為進行道德辯護的故事，這些暴力行為導致了數十億被歸為「異」類的人類同胞的痛苦、磨難和死亡，他們可能是加拿大原住民、LGBTQ群體、猶太人、黑人、身心障礙者和女性等。相較之下，大部分動物規範的存在是為了維持社會平衡，盡可能減少不必要的痛苦、磨難和死亡。如果痛苦、磨難和死亡是公認不好的事，但仍被視為人類運作的基本原則，那麼多數時候，動物的觀念似乎更為正確（而且有道德高度）。但這是否意味著，人類道德從演化的意義上來看是「壞事」？有沒有可能我們的道德推理能力（哲學、宗教和法律架構）正是幾千年來賦予我們物種優勢的東西？正是幫助我們組織社會並將偉大文明拓展到全球的東西？

我不認為是道德能力**本身**對我們的成功起了作用，而是其他一些讓我們有能力協調各種努力的心智要素，例如語言和心智理論。在預測實體宇宙和生物世界的本質時，正是我們的「發問專長」發揮了重大作用，提供了讓我們物種一舉成名的科技知識。相較之下，人類的道德對於獲得這一切都不是必要的。正如我一直主張的，我認為，如果我們少了將「古老的靈長類規範」轉變為那些給我們帶來寄宿學校、反LGBTQ立法等東西，這種可笑而具破壞性的道德規則的能力，人類會活得更好。但這些東西是密不可分的，你無法擁有一張只列有正面認知技能而沒有負面後果的清單。因為人類免不了會做道德推理，但就演化來說不表示它就是**好事**，人類的道德推理可能是一種「缺陷」而不是「功能」——隨著我們獨特的認知技能的發展而冒出來的一種演化副產品，但它本身並不是物競天擇所選定的特點。人類目前在作為一種物種上取得成功，可能不是因為道德天賦，甚至與它毫無關係。我們已將這個多數動物用來管理、限制社會行為的普遍規範系統發揮到了怪誕的極致，結果過著美好生活的，反而是擁有較不複雜規範系統的動物們。

Chapter

5

快樂蜜蜂之謎

該聊聊 C 字頭（意識）的話題了

我為何要在意一個不懂愛的生物，
例如貓，發出的呼嚕聲？

——尼采——

隨著秋天的來臨和氣溫逐日下降，我養的蜂群也開始緊鑼密鼓準備迎接冬天，三年來我一直在養蜜蜂，而且已習慣了牠們的季末大戲。採蜜季節快結束了，此時牠們正忙著風乾最後一批花蜜，作為冬季的存糧，直到三月蒲公英再次開花之前，這將是牠們唯一的食物來源。

為了免於飢餓，並確保有足夠的蜜可分配，牠們開始縮減群體數量，蜂群需要足夠的蜜蜂（約莫四萬隻）來互相取暖，但又不能多到讓牠們在春天到來前將存糧耗光。這表示到了九月就得把一些混吃混喝的趕出去，也就是公蜂。

公蜂是雄性蜜蜂，牠們唯一的作用是和來自其他蜂群的新蜂王交配。牠們的體型比雌工蜂來得大而圓，突出的大眼可以幫助牠們發現其他雄蜂和處女蜂王；牠們沒有螫針，因此無法保衛蜂巢。事實上，除了交配牠們什麼都不會，牠們不清理蜂窩，不造巢室，也不照顧幼蟲；牠們的口器很短，因此無法採集花蜜；牠們甚至連舔食蜂巢裡的蜜都有問題，雌工蜂必須將食物直接送進牠們嘴裡。因此，在冬季，雄蜂難伺候且價值低，這也是為什麼每當九月到來，雌工蜂會將所有雄蜂聚集起來，將牠們拖到蜂窩正面入口，然後推出去。如果牠們試圖回來，就會遭到襲擊或殺害，由於牠們無法養活自己，因此過不了多久就會餓死或凍死，每年這個時節，我的所有蜂窩的入口總是圍滿了被驅逐、驚慌失措的雄蜂。

這實在是相當悲慘（但完全自然）的事，我不禁同情起這些可憐的傢伙。最近，我開始收容不幸的雄蜂，將牠們放在我書桌上的一只小紙箱裡，我給牠們放了些蜂蜜在裡頭，讓牠們可以在無可避免的死亡之前最後一次自己吃點東西，我想給牠們最後一刻的幸福。

上週，我向友人安卓亞展示我的雄蜂收藏，她經常被我的動物小惡作劇逗樂。「看來你只是做白工，」她說：「你並沒有真的讓牠們『更幸福』。牠們又沒有意識，不會感激你的努力的。」

「這點我可不同意，」我說：「好奇問一下，妳認為哪些動物有意識？幸運草有意識嗎？」幸運草是安卓亞最近養的邊境牧羊犬，一隻活潑小狗，會緊盯著我籬笆裡養的雞。

「嗯，應該有。」安卓亞回答。

「那些雞呢？」

「呃，雞？我也不知道。沒有？就算有，牠們的意識也比幸運草低得多。可是這些蜜蜂沒有意識，牠們沒有自覺，昆蟲只是憑本能過活。」

「如果我告訴妳，」我說：「有許多科學家和學者會主張說，這些小雄蜂實際上是有意識的，妳會覺得訝異嗎？」

「什麼？太可笑了。他們怎麼可能提出這樣的論點？」

問得好。

什麼是意識？

意識一直被認為是將人類和其他動物區分開來的因素之一，一種我們有，但牠們沒有的東西，或者像安卓亞所想的，也許是我們比其他動物擁有更多的東西。但事實並非如此，如同後面將提到的，人類確實和意識有著獨特關係，它在理解人類智力（及其價值）的本質方面起了重大作用，但意識無疑不是我們所獨有。

意識只是任何形式的主觀體驗，你知道剛躺上床就想小便的那種沮喪感嗎？那就是一種有意識的體驗；面對逼近的數學考試。但感覺自己準備不足的那種憂慮也是；或者，當你讀到一本激發你想像力的書的最後一頁的那種苦樂參半的憂傷；或甚至只是海浪拍打船身的聲音、香蕉的黃色或酸了的咖啡的味道。意識是當你的大腦產生任何一種你察覺得到的感受、感覺、知覺或想法時的狀態。

想了解「動物是否有意識」這個造成我與友人關係緊張的問題，我們得先花點時間深入研究構成其定義的兩個字眼：主觀和體驗。先來談談主觀這個概念。

如果某件事是主觀的，表示它正被某人從他的角度理解或體驗。學者湯瑪斯．內格爾（Thomas Nagel）在他的代表性論文「做一隻蝙蝠是什麼感覺？」中指出，個體（人類或動物）對世界的主觀體驗，是無法用客觀術語去觀察或解釋的。你沒辦法進入另一個生物的腦袋並衡量他的體驗，這就是學者所說的**他心問題**，也就是其他心靈的主觀體驗將永遠隱藏在黑匣子裡的這個無可避免的事實。

體驗一詞指的是當一種情緒或念頭突然發生時，在你腦中顯現的實際感覺，例如，當你吃一碗 Cheerio 穀片，會在你的腦中產生大量的身體和情緒感受，這些**有意識體驗的特性**就是學者所說的**感質**[97]。你可以用言語描述你吃 Cheerio 穀片的感質，例如含糖、鬆脆或噁心，來向其他人傳達你吃這東西時的感受。如果我吃同一碗穀片，也許就會用這些字眼來形容我吃 Cheerio 的感質，但這並不表示我們在描述相同的意識現象，很可能你吃 Cheerio 穀片時腦中浮現的感覺和我的完全不同——如果可以客觀衡量的話。但感質終究是私人體驗，無法客觀衡量，因此我們無從得知。

儘管如此，我們通常認為大多數人對周遭世界有著類似的體驗，因為我們描述的感質往往是一致的。這讓我能夠相當自信地預測，比起吃一碗人類頭髮，你會更喜歡吃一碗穀片。即使我吃頭髮的感質和你的略有不同，但大多數人在試圖吞下一團頭髮時很有可能都會覺得厭惡。然而，一旦面對的是不同物種，我的信心水平就大幅下降了。例如，地毯甲蟲會很樂意撲向一只裝滿人類毛髮的碗中，而且很可能會完全避開 Cheerios 穀片，因此我吃毛髮的主觀體驗，並不會告訴我地毯甲蟲吃毛髮的感質。

試圖猜測非人類動物有什麼樣的感質（或牠們到底有沒有感質）的主要障礙是，我們無法和牠們談論牠們的體驗，如同前面提到的，動物能透過露牙、咆哮等信號來傳達牠們的情緒狀態（如憤怒或恐懼），但牠們沒有語言能力來描述這些情緒在主觀上的感受，因此我們一直是依靠「類推」而非語言——來猜測動物有什麼樣的感質。如果一隻雌黑猩猩緊摟著牠死去幼仔的遺體，我們可以猜測牠可能正經歷著某種類似於人類悲傷的情感，畢竟人類和黑猩猩的血緣關係密切，這種哀悼行為和我們非常相似。但隨著我們所考慮的動物在演化樹上離我們越來越遠，這種類比就失效了，例如，人類有什麼感質是類似於章魚將觸手伸向螃蟹，然後用吸盤中的化學

97 qualia，哲學用語，指主觀意識經驗的獨立存在性和唯一性。

觸覺受體「品嘗」牠時所體驗到的東西？由於章魚的觸手是自主運作的，這些訊息可能會留在牠的觸手中進行處理，可能永遠不會進入中央大腦。我們和牠們身心相互作用的方式非常不同，因此沒有真正的類似情況可以拿來比較。

儘管無法衡量主觀體驗，以人為本的類推也不充分，但還是有許多科學家和學者深信動物起碼是**有**主觀體驗的，內格爾認為，作為一隻蝙蝠是**有感**的，而且如果我說有許多（就算不是大多數）動物認知研究人員和學者都會同意，我想也不為過。也因此，其中一群人在二〇一二年簽署了一份名為「劍橋意識宣言」的文件，內容如下：「趨於一致的證據顯示，非人類動物具有意識狀態的神經解剖學、神經化學和神經生理學基質，以及展現有意圖行為的能力。因此，大量證據顯示，人類在擁有能夠產生意識的神經學基質方面並非獨一無二。非人類動物，包括所有哺乳動物和鳥類，以及許多其他生物，包括章魚，同樣擁有這些神經學基質。」

既然動物的主觀體驗是私密、無法企及的，他們如何能提出這種主張？

他們怎麼可能**知道**？

對動物意識的論點建立在兩類證據之上：大腦和行為。關於大腦的論證相對簡單。我們知道人類有主觀體驗（即意識），我們並不確切知道大腦是**如何**產生意識的，但除非你贊同意識這東西是在大腦外面發生的，否則大腦（又或許是整個神經系統）必定是它的來源。動物和人類的大腦是由相同的物質構成的，以哺乳動物來說，腦組織在頭骨中似乎也是沿著大致相仿的排列方式劃分開來。由於我們推測和人類恐懼等主觀體驗有關的腦部結構同樣存在於多數脊椎動物大腦的對應區域（例如島葉皮質），因此有理由假設牠們也會在主觀上體驗到恐懼。

當然，這是極大的過度簡化，但這是該論點的重點。事實上，科學家們只是猜測，但並不確定人類大腦中究竟是哪些結構，和恐懼等情緒的有意識體驗有關，只因為大腦的結構相似，不表示它們會發揮相同的作用。我和我妻子大腦的磁振造影（ＭＲＩ）顯示它們在結構上幾乎沒有區別，但我永遠無法像她那樣學習古愛爾蘭語文法或唱歌。比起地毯甲蟲的腦子，黑猩猩的大腦和名廚高登[98]的大腦可說幾乎相同，但黑猩猩永遠無法像高登那樣烹調威靈頓牛排。光憑類似的大腦結構並不能證明其他動物也具有類似的主觀體驗或認知能力，因此，你必須將「看似有意識」動物的大腦結構以及行為證據一併考慮。

行為證據有兩種類型，第一種非常有趣，因為它和喝醉有關。當人攝入酒精，經深入研究會對我們的心智功能產生作用，會導致人失去克制力，欠缺運動協調性，以及（嚴重時）意識喪失。但我們容忍這些不太理想的作用，因為飲酒會釋放多巴胺，因而讓大腦產生幸福感，換句話說，我們喝酒是為了追求快感。事實證明，大象也有同樣的行為。

在一九八〇年代初的一項科學調查中——當時以科學名義給大象喝酒似乎是可接受的事。研究人員在加州一個野生動物園向一群被圈養的大象展示了裝有不同酒精濃度，分別是 0%、7%、10%、14%、25%和50%的水桶。大象可以任意飲用這些水桶裡的水，結果牠們喜歡 7%酒精溶液勝過其他濃度的水（包括清水）。喝完酒後，大象的行為很像醉酒的人類，有幾頭搖搖晃晃站著，眼睛閉上，有的躺平在地上，大部分都用長鼻纏繞著身體——這是大象感覺不適時會做的事，幾頭攻擊性較強的大象變得更加好鬥（目睹過酒吧鬥毆的人想必都懂）。看來「酒後吐真言」這句名言同樣適用於人類和大象，這個（道德上有問題的）實驗顯示，大象似乎想找出能讓牠們喝醉（但又不要太醉）濃度的酒，以便體驗我們無比熟悉的那種幸福感。這種尋求酒精的行為只有在以下兩點成立時才說得通：1.酒精會像影響人腦那樣影響大象的腦部；以及2.和人類一樣，大象飲酒時也會體驗到主觀的愉悅。

第二類行為證據和《劍橋意識宣言》所說的「展現有意圖行為的能力」有關，請回想一下第二章提到的，有意圖行為是指動物心中有了目標並積極監控情況，以確定該目標是否已達成的行為。這個定義假定了對目標的主觀覺察，將某事記在「心裡」則意味著意識到自己的意圖，換句話說，

98 Gordon Ramsay，一九六六～，英國廚師、美食評論家、餐廳老闆和電視名人，以毒舌出名，被喻為「地獄廚神」。

凡是看來打算做點什麼的動物，都可被視為展現出有意識的行為證據。

想想布魯斯的例子，牠是一隻啄羊鸚鵡，一種原產於紐西蘭、以其好奇心和解決問題的能力著稱的鸚鵡物種。二〇一三年，布魯斯在失去喙的上半部之後被人從野地救回，失去功能的嘴喙對啄羊鸚鵡或任何鳥類來說都是一種極大不便，會讓進食變得困難，同時也較難進行一種叫做**整羽**的行為，整羽是指鳥類用上下喙刮擦羽毛，來去除塵垢和寄生蟲。儘管存在障礙，布魯斯還是想出了解決辦法，而這也成為證明任何物種都存在著「有意圖行為」的最佳論據之一。

每到整羽時間，布魯斯會在牠的圍欄裡找一塊小石頭，石子大小必須剛剛好，以便輕易放進牠的下喙和舌頭之間，接著牠讓羽毛從石頭和舌頭之間滑過，將羽毛梳理得乾乾淨淨。實驗發起人阿瑪莉亞·巴斯托斯（Amalia Bastos）和她的一群奧克蘭大學同事提出了完美證明，顯示布魯斯的小石頭整羽術確實是有意圖行為。首先，布魯斯撿拾小石子的情況中，有93.75％是用來梳理自己。「布魯斯操弄小石頭時幾乎總是伴隨著整羽行為，顯示牠撿起石頭時就帶有將它作為整羽工具的意圖。」巴斯托斯這樣主張。而在布魯斯整羽時掉了石頭的情況中，有95.42%要嘛把它撿起，要嘛抓起一塊類似的石頭繼續打理羽毛。無論是找到正確工具的能力或完成工作的毅力，都顯示布魯斯並非偶然發現整羽問題的辦法，他必定是原本就打算清理羽毛，並設計出一種不屬於啄羊鸚鵡正常行為的解決方式。「野外的啄羊鸚鵡不常使用工具，」巴斯托斯告訴《衛報》記者，「因此採用一種特殊、創新的工具來回應自己的缺陷，顯示牠們的智力具有極大靈活性，牠們能夠適應並靈活解決新出現的問題。」

在我看來，這是一個關於動物有意圖行為的堅固如石（雙關語）的例子。結合布魯斯的證據和眾所周知的鸚鵡故意喝醉的事實（澳洲有一種長著能吸引紅領吸蜜鸚鵡的發酵漿果、叫做醉鸚鵡樹的樹木），加上科學家發現的在鸚鵡等鳥類身上「和意識相關的丘腦皮質系統，和哺乳動物之間有著大量解剖學同源性和功能相似性」的事實，足以顯示鸚鵡符合《劍橋意識宣言》所訂下的關於擁有意識的所有標準。

不難看出這種推理也適用在其他許多我們觀察到同樣從事創新、靈活或有意圖行為的物種，像是海豚、大象和烏鴉等，或者大腦結構和人類相似的物種，如類人猿。但是蜜蜂？是否真如我對安卓亞說的，科學家認為昆蟲具有支持意識所需的大腦結構？牠們能表現出像布魯斯那樣的有意圖行為？昆蟲會喝醉嗎？這些問題的答案是：是。是的，不要懷疑。

有腦蜜蜂

為了證明我的觀點，我得先向你介紹拉斯・契特卡（Lars Chittka），作為蜜蜂認知方面的專家，契特卡是倫敦瑪麗皇后大學的行為生態學者，或許是當今最傑出的昆蟲智力宣揚者。他廣泛發表了關於昆蟲大腦（先不管尺寸）的觀點，認為它們具備了產生複雜認知（包括主觀體驗）的一切條件。支持「意識不需要大腦袋」立場的基本論點是，說到產生複雜性，重要的不是神經元的數量，而是它們連結的方式。比起人腦的八百五十億個神經元，蜜蜂的大腦只有一百萬個神經元，但這一百萬個神經元可以在蜜蜂腦中形成多達十億個突觸（和其他神經元的連結），足以創造一個具有強大處理能力的龐大神經網絡。「在較大的腦中，我們往往不會發現更多的複雜性，只是相同的神經迴路無休止地重複，」契特卡表示，「這或許會增加記憶圖像或聲音的細節，但不會增加任何複雜度。在許多情況下，較大的腦子或許是更大的硬碟，卻不見得是更好的處理器。」

那麼大腦結構呢？在產生意識的連結**方式**上，人類（或其他大腦袋動物）的大腦總有一些特殊之處吧？並沒有，契特卡主張。「熱門的意識相關神經機制（neural correlates of consciousness，NCC）尚未在人身上得到證實，因此不能認定某些動物不具有人類形式的NCC。」換句話說，由於我們不了解意識是如何從神經元的連結和啟動方式中產生，我們沒有理由假設昆蟲的大腦缺少必要的結構。

雖然科學界尚未找到產生主觀體驗的明確神經元結構（或者結構組合）的決定性證據，我們確實知道昆蟲大腦具有一些我們推測和動物意識相關的腦部結構。就昆蟲來說，有一種結構叫做**中央複合體**，能產生我們認為和意識有關的認知程序，這是牠們大腦中整合感官訊息的地方，而這能進一步幫助牠們透過建立關於自己和周遭世界的心智模型，而順利飛行於環境中。根據學者克萊（Colin Klein）和神經生物學者貝倫（Andrew Barron）的說法，由於哺乳動物腦中也有功能相仿的類似結構，而且因為這些結構和認知技能通常被認為和人類意識有關，有「充分證據顯示，昆蟲腦部有能力支持主觀體驗」。總括一句，儘管我們無法肯定地說昆蟲擁有產生意識所需的大腦部分，但若要主張牠們有也是完全站得住腳的。

不過，昆蟲的行為呢？牠們小小的腦袋能不能產生讓人想起意識的複雜行為？看來是肯定的，請想想由契特卡和他的團隊以熊蜂進行的著名實驗。為了測試牠們複雜的學習能力，蜂群被賦予一項在大自然中不會遇上的食物獎勵任務：一個小塑膠球被放在一個中心畫有靶子的盤子裡，只要熊蜂能把球抓住並且拖向標靶，就能得到糖水作為獎勵。熊蜂在野外的覓食行為並不需要這類技能，然而牠們做到了。這項壯舉已經夠了不起了，但接下來發生的事更加驚人。在後續實驗中，三個球被放在盤子上和標靶的距離各自不同的位置，距離靶子較近的兩個球被粘住了，為了完成任務，熊蜂知道牠必須移動最遠的那個。在這當中，一隻不熟悉實驗內容的觀察者蜂一直在測試區外觀看著這些「示範者」蜂解決任務，當觀察者蜂第一次被放入測試區，牠所做的事顯示牠真的理解這樁任務的性質。這次，球並未被粘住，牠沒有單純地複製牠看到的另一隻蜂的做法（即抓住最遠的球），而是筆直去到最近的那個球，並把它拖向標靶。牠不光是透過聯想學習來模仿另一隻蜂的行為，牠知道球必須命中標靶，而抓住最近的球機會最大，牠考慮了問題，並設計出一種更好的策略。契特卡認為，這證明熊蜂「對自己和同伴們的行為結果有著基本理解：也就是類似意識的現象或意圖性」。果真如此，那麼這就是熊蜂符合《劍橋意識宣言》所概述的有意圖行為標準的證據了。

最後，有證據顯示昆蟲會尋求致幻物質，想想神經科學家（蓋里．蕭海特－奧菲亞（Galit Shohat-Ophir）[99]所做的一項不尋常但絕妙的研究。她的團隊培育了一群果蠅，每當暴露在紅光下，這些果蠅的大腦便會分泌一種特定的神經肽[100]——黑化誘導神經肽。雄性果蠅腦中的這種神經肽通常會在射精時被啟動，因此亮起紅燈應該會引發類似性高潮的情感（情緒）狀態。不出所料，研究人員發現，這些經過基因改造的果蠅顯然更樂於在圍欄內被紅光照亮的區域逗留。在實驗中，一組雄性果蠅在幾天內暴露在大量紅光下，而另一組則一次都沒有照射會引發性高潮的紅光。當有兩種食物可供選擇時，失去紅光照射（因此連續三天沒有達到高潮）的果蠅會吃較多含酒精的食物，換句話說，牠們把自己灌醉了。與此同時，一直持續享受著紅光引起的快感的果蠅並不熱中酒精食物，被剝奪性高潮的果蠅選擇致幻物質（大概是為了追求腦內啡的快感）的這一事實顯示，牠們對自己快樂水平的下降有一定的覺察，並有意地訴諸酒精來讓自己更舒服。正如契特卡回應這次研究的說法，「如果沒有腦，為什麼要追求致幻（引起腦部變化的）物質？」

種種證據都指向一個極大可能性，就是昆蟲確實擁有主觀體驗（意識）。果真如此，意識一定是在演化史的初期，從人類和蒼蠅的某個共同老祖先身上逐步演變而來的一種特徵，也許是五億年前生活在海洋中的某種無脊椎生物。依我的定義，這意味著現今活著的大多數動物可能都具有意識，如果是這樣，為什麼一般美國人（就我而言是安卓亞）會認為昆蟲（或雞）可能有意識這件事很可笑？牠們真的只是如同安卓亞說的，像小機器人一樣憑本能過活嗎？這種看待動物的方式由來已久，可以追溯到十七世紀法國哲學家笛卡爾[101]，他將非人類動物稱為 bête machine：動物／野獸機器。換句話說，安卓亞的隊伍陣容堅強。而且我敢說，許多動物認知專家仍對昆蟲具有主觀體驗的說法持懷疑態度，儘管我個人站在契特卡

99 以色列巴伊蘭大學（Bar-Ilan University）神經生物學教授。

100 neuropeptide，由短鏈胺基酸構成的化學信使，由神經元製造及釋出而作用在 G 蛋白偶聯受體（GPCRs），用以調變神經以及腸道、肌肉、心臟的活動。

101 René Descartes，一五九六～一六五〇，法國哲學家、數學家和科學家，被廣泛認為是近代哲學和解析幾何的創始人之一。

團隊這邊。

持懷疑態度的原因很簡單，當大多數人使用**意識**這字眼，他們並不單是指主觀體驗，還包括其他認知特徵，例如「自我覺察」。安卓亞曾說，假定我養的雄蜜蜂有意識實在很瘋狂，因為她認為牠們不可能有自覺。但自我覺察和意識並非同義詞，當人們想到意識，通常還包括許多認知技能，如情景預見甚至心智理論。事實上，我們把太多的認知特徵和意識混為一談，我將在本章稍後進一步解釋兩者的差異，這將幫助我們對人類意識所附帶的價值形成更細微的理解。但在那之前，首先我們需要深入了解意識是如何和這種種程序密切合作，進而產生了人類和動物的心智。

大腦的即興劇

有許多模型可以用來描述關係到認知、神經生物學的意識本質，但這不是一個容易搞清楚的問題。我發現，要理解這類複雜事物的最佳方法是，把它和某種我了解的事物連結起來，就這情況來說，那就是：即興。即興（或即興劇）是由即興演員在舞臺上臨場發揮的一種沒有劇本的戲劇形式，除了是激發源源不絕的創意、和朋友一起捧腹大笑的絕妙方式之外，它也是心智運作方式的完美比喻。

不妨把你的腦子想像成一個正上演著即興表演的劇場：有個舞臺，光線昏暗，只亮著一盞聚光燈；舞臺上有十來個即興演員，爭先恐後爭取著站在聚光燈下的機會。在這個比喻中，聚光燈相當於主觀體驗（即意識），站在聚光燈下的即興演員所做的一切，都會轉化為你大腦其餘部分所經歷的感質。這些感質淹沒了舞臺上的其他即興演員、觀眾和所有幕後工作人員，像是隔間裡的音響師、站在樓座區的導演、躲在側臺的舞臺監督……等。所有人都注視著聚光燈下的演出，於是，意識體驗的內容在腦中傳播開來，並可供數量龐大的認知程序進行分析。

在這個比喻中，舞臺上的人是你**可以**意識到的所有東西，這包括來自你看到、聽到或觸摸到的事物的感官輸入，但同時也包括飢餓等內在生理狀態，或恐懼之類的情緒狀態。舞臺下的人全都不會產生自我的感質，但他們的存在對即興表演（也就是大腦的運作）仍是至關重要的**潛意識**程序；助理舞臺監督也許就像肌肉記憶，像是騎單車的能力，你一旦學會了，騎單車就成了你大腦中無意識部分會自動處理的事情。如果舞臺監督善盡職責，他們將永遠不必露臉，只在潛意識的層面上運作，但若少了舞臺監督，就不可能有即興表演。

你腦中的劇場擠滿了永遠不會出現在聚光燈下的無意識事物，例如腦中控制心跳和消化系統的部分，或者我們的腦子用來快速作出決策的無意識偏見和思考捷徑。丹尼爾・康納曼[102]在他的《快思慢想》（*Thinking, Fast and Slow*）一書中將它們歸為「系統一」思考模式：透過在幕後運作的潛意識認知程序作出立即、無意識的決策。

重要的是，如果聚光燈下沒人，就無法進行即興表演，因為「系統一」的思維光憑自己是無法表演的。大腦（包括動物大腦）之所以有這盞聚光燈（之所以有意識）是為了幫助動物作出需要花點心思考慮的日常抉擇。

聚光燈的存在是為了讓你腦中的其他部分知道誰是當下的主角，所有人合力幫助這位即興演員推動節目進行，換句話說，意識的存在是為了幫助你的大腦作出決策並產生行為。

如同現實中的即興劇舞臺，最終吸引聚光燈的即興演員總是那些做出稀奇古怪的動作，或者大聲喧鬧來博取注意的人。一旦成為關注焦點，那位最耀眼的即興演員將可以動員多種認知系統（包括觀看著表演的無意識系統）來協助解決問題或決定接下來要做什麼。

舉個例子，假設你正坐在沙發上看書，這個行為會啟動幾個認知系統，包括大多無意識的理解和語言能力，聚光燈集中在書頁文字所喚起的想像中的視覺意象，源源產生出你大腦的其餘部分正享受著的感質。突然，一個新的即興演員跑到聚光燈下：飢餓。這時，你的大腦劇場就開始聚焦在舞臺上大叫大嚷的飢餓感上，這個名為飢餓的即興演員在你腦中的大量認

102 Daniel Kahneman，一九三四～，以色列裔美國心理學家，二〇〇二年諾貝爾經濟學獎得主。

知系統中引發一連串作用：一些負責運動神經動作的潛意識系統開始闔上你的書（去找點吃的吧；也許你突然想吃巧克力棒）可能是對昨晚看到的Snickers電視廣告的無意識反應，這相當於有某個觀眾大喊「Snickers！」然後即興演員就必須對此做出反應。一名舞臺監督會悄悄告訴表演者，他們記得在廚房裡看到一條Snickers，這個舞臺監督代表你的無意識記憶系統。接著，又一個即興演員突然閃現在聚光燈下：情景預見。他們上臺來提供後援，好讓場面繼續發展下去。情景預見產生一種有意識體驗，你到廚房翻找零食抽屜，也就是舞臺監督說的放著巧克力棒的地方。這種認知系統的組合（包括臺上和臺下）終於讓你決定走進廚房去找Snickers巧克力棒。

每當動物必須作出需要考慮或想一想的決定時，主觀體驗的聚光燈就必須上場，以便產生感質。感質是行動的流通媒介，或者，如同哲學家蘇珊．朗格（Susanne Langer）所寫：「感覺就是行動」。這就是動物當初會演化出主觀體驗的原因所在，也是為什麼將意識視為任何動物心智的要素絕對是有理有據的。

意識高低不重要

安卓亞，希望妳能一路聽我解說到這裡，因為現在我終於可以揭示人類意識和動物意識顯得如此不同的原因了。即興劇這個模型暴露了一些重要的東西，事實上，人類意識之所以特殊是因為：作為一個物種，我們擁有數量大得多的認知程序，它們都有可能進入意識的聚光燈下，產生我們需要的感質。我們並非更具有意識，我們只是能意識到更多事物，妳必須理解這個重大區別，因此我將提供一個我生活中的例子來說明這點。

幾年前，我的朋友莫妮卡向我解釋她罹患的小毛病：心盲症，這是許多人（大約占總人口的1％）都有的、無法在腦海中想像畫面的一種失能。「當患有心盲症的人閉上眼睛，他們眼前一片空白，怎麼也想像不出任何影像，例如一顆蘋果。」她解釋說。

「真可憐。所以，等等，如果妳閉上眼睛，妳就無法想起蘋果？」我問。

「不，不是這樣的。我可以想起蘋果，但我無法看到它的圖像，像正常人那樣。」

「是啊，」我說：「可是，當然，沒人能真的在他們腦海中看到蘋果的圖像，就像看一張照片那樣，太怪了。」

「大多數人都可以。」

「不可能吧。我是說，當我閉上眼睛，我知道我在想像蘋果的樣子，但我就是看不到蘋果。」

「呃，賈斯汀？我想你大概也有心盲症。」

我問妻子，當她閉上眼睛然後想像一顆蘋果，她是否真的可以「看見」一張蘋果的圖片？她說她可以。我問過的其他人也都證實，他們可以在腦海中看到像照片一樣的蘋果圖像，細節和強度各異。但我什麼也沒看到。莫妮卡說對了，原來我也患有心盲症。

和神經正常的人不同，我的意識心智無法生成事物的想像圖像，來幫助它想出例如：超市的花生醬放在哪個位置，問題是，我知道花生醬在店裡的位置，也可以用文字描述它在哪裡。反正我能「感覺到」它的位置，只是無法在腦海中「看見」商店的貨架陳列，我欠缺有意識的視覺想像能力。當我讀一本科幻小說時，我無法想像書中描述的太空站的畫面，我無法閉上眼睛然後看見我女兒的臉，然而，我保證我的意識清晰不亞於其他人。當我的意識體驗掠過即興劇舞臺，我的感覺和你是一樣的。我只是少了一個等著進入聚光燈下的即興演員。

人類舞臺的演出者

當我們思考動物意識，我們真正想知道的不是牠們有沒有意識（因為牠們有），或者牠們有多少意識（同樣數量），而是每個物種有哪些認知程序可以送上即興劇舞臺。當我說人類能意識到更多事物，到底是什麼意思？意思是，人類心智的演化使我們能夠有意識地察覺到大量的認知程序，它們要嘛是我們物種獨有的，要嘛是大多數動物只發生在潛意識層次的東西。為了說明這點，我們先來看看大多數動物可以放到主觀體驗聚光燈下的東西：情緒和感覺。

情緒（emotion）一詞源自拉丁文emovere，意思是移出或激起某物，這個詞源事實讓我們理解到，情緒是大腦中的啟動狀態，其目的是**激使**動物**走出去**並做一些能確保其生存的事。神經生物學者潘克賽普（Jaak Panksepp）創造了「情感神經科學」一詞來指稱動物（和人類）大腦中產生各種情緒狀態的潛在神經學研究，並確定了大多數哺乳動物身上可能都有的七類情緒：**追尋**、**性欲**、**關愛**、**嬉戲**、**憤怒**、**畏懼**和**恐慌**。動物和人的許多行為都可以在這七個情感系統和大腦的相互作用中找到解釋，而該作用能激勵我們努力讓自己活得夠久以便生育後代——「追尋」使我們想要找到食物和住所；「性欲」讓我們想要交配；「關愛」讓我們能養育後代或幫助社群夥伴；「嬉戲」幫助我們維繫這些社群夥伴，同時磨練身體技能；「憤怒」讓我們保衛自己、食物來源和家園免受攻擊；「畏懼」讓我們知道該避開或防範哪些事物；「恐慌」讓我們懂得盡速求助於社群夥伴。

其中，有些情緒可能以類似形式存在於非哺乳物種的腦中，有些這類潛意識情緒也可能轉化為有意識體驗，讓動物更能準備好作出抉擇。當潛意識情緒進入即興劇舞臺，並被放到主觀覺察的聚光燈下以供決策之用時，科學家有時會給它們一個新名稱：**感覺**。法蘭斯・德瓦爾在他的《瑪瑪的最後擁抱》（Mama's Last Hug）一書中優美地解說，感覺會在「情緒浮出水面以至於我們察覺到它們時產生」。

然而，人類是獨特的：我們有更多情緒可以轉化為有意識的感覺。就像我們在獮猴研究中看到的那種公正感，靈長類動物應該也有這種感覺，但蜜蜂可能就沒有；或者像鄉愁之類的感覺，這有賴於我們獨特的心理時間旅行能力；或者內疚，這取決於我們透過心智理論和他人產生聯繫的獨特方式。不幸的是，由於「他心問題」，光是透過觀察動物的行為，要判斷牠經歷的是複雜或基本的感覺實在太難了。例如，在我的「動物思維」課程的第一天，我給學生們看了一段狗狗丹佛的 YouTube 影片。飼主不在家時，丹佛吃了一袋貓糧，隨著鏡頭的轉動，飼主問丹佛，零食是不是牠吃的？丹佛迴避他的注視，耳朵下垂，斜瞇著眼睛，舔著嘴角——完全就像因為吃了貓零食而內疚的樣子。當我問學生們，此時丹佛腦子裡在想什麼？他們一致得出了「丹佛感到愧疚」的合乎常識的結論。

然後，我繼續展示關於狗的順從肢體語言的研究，以及只要面對咄咄逼人的飼主，任何狗都會出現類似丹佛的行為，和牠之前做了什麼錯事無關。倒不是說，狗無法有意識地察覺自己違反了某種會導致愧疚感的規範，只是當一隻狗想要避免和其他狗或人起衝突時，就會表現出類似丹佛的行為。換句話說，這很可能是潘克賽普所說的情感狀態當中相當基本的一種——**恐懼**的行為展現。

除了情緒之外，動物大腦還會產生飢餓或口渴等體內平衡感，由於這些感覺對激發我們採取行動至關重要，它們可能也會被動物在主觀上體驗到。當然，還有「感官情感」，包括疼痛、溫度、壓力，或感覺器官（眼睛、耳朵、皮膚、舌頭等）傳送到大腦的任何東西。所有這些基本的感官信號都被我們腦中的無意識部分用來產生無意識的、「系統一」類型的行為（例如，碰觸一只熱燙的餅乾烤盤時會立刻抽手）。但感官信號往往也會進入有意識覺知中，這有助於我們採取更複雜的行為，例如找一隻防燙手套戴上，免得又被烤盤燙到。潘克賽普認為，所有哺乳動物的大腦（或者像《劍橋意識宣言》所主張的，包括一些別的物種）都具有能產生這些情緒、體內平衡和感官情感狀態的下皮層區域。

非人類動物的情感系統的妙處在於，每個物種都會有一套它的感官、生理或社群系統特有的感覺可供運用，例如，海豚能透過回聲定位能力，將奇異的感知訊息傳遞給牠們的意識心智。海豚能透過向水中發出咔嗒聲，建立詳細描述環境中各種物體的形狀、密度和活動的聲學影像；回聲定位甚至能穿透某些物質，讓牠們透過聲音「看見」埋在沙子裡的魚。海豚還能竊聽在附近活動的其他海豚的回聲定位信號，這讓海豚能夠準確地知道（在人類無法理解的層面上）牠們的友伴感知到了什麼。這有點像我只要閉著眼睛坐在你旁邊的沙發上，腦裡就會浮現出你在智慧手機上看到的畫面。這是一種人類全然陌生的認知和意識過程，卻在海豚日常生活中起著重大作用。動物界絕對充滿了人類世界找不到類似物的認知、情感和感官過程，但這並不會讓這些物種比我們「更具有意識」，而只是讓每個物種的即興劇舞臺多了一組可以合作的即興演員。

這也讓我們想到了人類，除了擁有一些其他動物可能缺乏的複雜情緒／感覺之外，人類之所以獨特，是因為我們的意識心智可利用的為數龐大的素材，以及這些素材的複雜性，這得從「自我覺察」這個觀念說起。

沒有單一概念的自我覺察，此一用語包含了許多不同物種以不同形式擁有的「多種覺察」，它主要分為三類：「時間自覺」、「身體自覺」和「社群自覺」。重要的是，動物可以擁有這些類型的自我覺察，而不需要意識到它的存在，這聽來或許奇怪，但它的運作方式確實是這樣的。

舉例來說，「時間自覺」是大腦理解它將在（不久的）將來繼續存在的能力，幾乎所有的大腦都必須具備這點，否則動物將絕不可能擁有目標或意圖，例如，鸚鵡布魯斯打算借助小石子來梳理羽毛。牠的大腦能夠協調這種行為，只有一種可能，就是牠的大腦意識到牠會在未來繼續存在，但這並不表示布魯斯的時間自覺就站在即興劇舞臺上，接受意識聚光燈的照射。就人類而言，我們很清楚當我們意識到時間自覺時是什麼情況：我們可以進行心理時間旅行和情景預見。當時間自覺上場，我們可以將「我的心智存在，而且會一直繼續存在」的感覺傳播到所有其他認知系統，這麼做能讓我們想像自己的心智存在於過去、未來，最終不復存在（即死亡智慧）。但由於布魯斯（或許多動物）似乎無法設想自己處在類似的境況，我們只能假設，時間自覺絕不會登上牠的舞臺，但牠仍然可以從事目標導向的行為，因為牠的時間自覺提供了可支撐牠心智的無意識鷹架。

「身體自覺」也是如此，也就是意識到「自己的身體存在於世上」的事物，獨立於其他事物之外，並且受到心智的控制。任何動物似乎都能在空間中移動身體並和各種物體互動的這個事實顯示，身體自覺是一種相當基本的認知技能。一個關於動物自我覺察的著名實驗是「鏡像自我認知測試」（Mirror Self- Recognition Test，MSR），方法是趁著動物不注意，在牠們身上或頭部安上一個記號，然後讓牠們接近鏡子，如果牠們對著鏡子檢查自己看到的奇怪新記號，就可以假設，牠們知道在鏡子裡看到的是自己，因此是「有自覺的」。許多物種都「通過」了這項測試，包括黑猩猩、海豚、大象等，然而這項實驗真正揭示的事實或許是：對某些物種而言，牠們的身體自覺可以用在有意識的思慮上。對那些沒通過MSR測試的物種，如狗或貓，要是認為牠們對自己的身體毫無自覺就太可笑了，牠們的腦袋整天都在忙著控制那個身體，因此腦海裡一定多少藏有身體自覺的概念。但狗和貓極有可能無法像黑猩猩那樣**有意識地**考慮自己身體的性質，這也是為什麼貓和狗會被鏡子弄糊塗。

最後是「社群自覺」。當涉及社會地位或人際關係的強度或性質時，這是一種「有意識地察覺到你在社交世界中和他人關係的能力」。它使我們能夠知道別人是怎麼看我們的，而這有助於心智理論的養成；它也讓我們懂得撒謊（和吹噓），以及根據我們認為別人知道或相信的東西，來預測他們的行為；它使我們能夠分析自身行為和他人行為的關係，這有助於將種種規範轉化為道德。正如我們之前看到的，許多動物都具有社群自覺，例如，它促成我養的雞群建立了強弱順序，但我的雞大概不會（也沒必要）有意識地察覺到牠們的「社會我」[103]。雞的社會在無意識規範的管理下運行得極好，牠們完全不需要有意識地反思自己在雞群中的狀態，但人類對「社會我」的有意識思索，帶來了人類文化所呈現的驚人的社會複雜性，以及我們所能創造的複雜的道德、倫理和法律體系（無論其價值為何）。

當問及關於動物智力的問題時，我們會很想知道其他物種能在意識舞臺上將這三種覺察推進到什麼程度，這問題很有趣，因為擁有思考自我（個人或作為團隊一員）的能力會大大提高一個人產生複雜行為的能力。人類之所以獨特，或許正是因為我們有能力將所有這三種形式的自我覺察用在有意識的分析上。

再加上意識到自己的思想／認知的能力，這叫做**元認知**（metacognition），為了解釋這概念，我來舉個我最愛的例子。位於佛

103 social self，個體在群體中的位置。

羅里達的海豚研究中心的人員訓練一隻名叫納圖阿的海豚，在聽到高音（二千一百赫茲）時按一下槳靶，聽到低音（任何低於二千一百赫茲的音調）時按另一個槳靶。每次按下正確的槳靶，納圖阿就會獲得魚作為獎勵，如果按下錯誤的槳靶，就會得到長時間的暫停；暫停意味著實驗將停止一段時間，也就是說納圖阿沒機會得到獎賞了。這項任務對納圖阿來說相當簡單，直到低音和高音變得極為接近，以致牠再也無法區分兩者的差異，這時牠開始隨機按下槳靶。這對納圖阿來說可不好玩，因為一個錯誤的答案將意味著暫時無魚可吃。

為了確認納圖阿是否在音調變得難以分辨時察覺到自己的猶豫不決，他們放入第三個槳靶：救援槳靶。如果納圖阿按下救援槳靶，牠只需要稍等片刻，便會出現一種新的、容易分辨的音調，然後牠可以再試一次。在音調高低難以分辨，一旦猜錯又得等很久的情況下，這可說是最佳選擇。

當納圖阿接收到難以和高音區分開來的低音，牠的反應完全就像為了解開難題而苦思的樣子，牠會緩緩游向幾個槳靶，腦袋左右搖晃（顯然很猶豫）最後按下救援槳靶。對這種行為的最佳解釋是，納圖阿知道（透過元認知）自己不清楚正確答案，並且有意識地察覺到，牠在解開難題時遇上了困難。換句話說，納圖阿的思考過程站在了舞臺的意識聚光燈下，讓牠得以考慮自己的想法。

元認知讓動物能夠察覺到自己對事物的不了解，去思考自己的知識，察覺自己的無知會驅使人去尋求更多知識來幫助決策過程。只有少量研究（和不少爭議）顯示少數物種具有符合這些定義的元認知，包括對猴子、海豚、猿、狗和老鼠的研究。即使元認知存在於動物身上（如同納圖阿明確表現出來的），可能也不會太普遍，相較之下，這種能力卻是人類思維的基礎。我們清楚意識到自己的元認知，這激發我們去找出思維中的缺口和問題，並利用所能掌握的其他一切認知能力尋求解決方案。我們運用數學和語言來有意識地組織自己的想法，而且多虧了因果推理和情景預見能力，我們能想像出無數方法來解決自己所面臨的問題。

我們總喜歡把人類從事複雜工作的能力解釋為「有智慧」，實際上這和我們在意識方面的能力有關，但這話的意思也只是說，我們腦中有一系列認知程序可供我們的主觀體驗以聚光燈審視，以便更有效地協調這些認知程序來解決複雜問題。所有動物都過著充滿感質的生活，無論牠們具備多少或多麼複雜的認知程序可以放在即興劇舞臺上，並接受有意識的主觀體驗聚光燈的照射。

所以說，親愛的朋友，安卓亞，我深信我確實有讓那些不幸雄蜂活得幸福了點，我猜牠們小小的心靈，意識到了死前最後一次吃蜂蜜的愉悅。然而，人類大腦所能意識到的東西無疑比那些雄蜂的大腦豐富得多，妳說得沒錯，如同前面談到的，我們的意識內容有些許不同。問題是：那又如何？作為一個物種，我們由於這些認知能力（以及我們對它們的主觀覺察）所取得的一切成就，是否就是：1.我們物種的成功標誌，以及2.對地球有益的事？這正是我們接著要討論的大問題。

Chapter

6

預後短視

目光短淺的遠視力

印刷機、機器、鐵路、電報的出現仍是一種前提，至今還無人可以提出其影響力的千年定論。

——尼采——

「潛力布朗」（Capability Brown）是英國最著名的園丁，他對即將到來的人類物種滅絕也負有一丁點責任。

蘭斯洛特・布朗（Lancelot Brown）生於一七一五年，綽號「潛力」（Capability），這是他向英國貴族解釋他們的莊園「具有潛力無窮的改善空間」時經常使用的字眼。他喜歡他的花園擁有自然主義的外觀：用俯瞰著湖泊、雕塑般的樹叢和廣闊草坪的壯麗遠景，取代了十七世紀正規法式庭園典型的修剪整齊的樹籬、石徑和宏偉噴泉。他對他那個年代的一百七十座英國莊園的花園進行了改造，其中包括作為《唐頓莊園》[104]歷史劇外景而聞名的海克利爾城堡[105]。片頭字幕的襯底是一名男子和他的狗走過修剪得宜的草坪（最初由「潛力」設計）背景的城堡隱約可見，而「潛力」危害後世的遺產正是由這種草坪所構成的。

值得注意的是，喬治・華盛頓[106]和湯瑪斯・傑佛遜[107]都是他作品的擁護者，傑佛遜的蒙蒂塞洛莊園[108]和華盛頓的弗農山莊[109]都仿效「潛力」的設計，而且也都名列全美最著名花園。到了十九世紀初，它們被描繪在數百萬美國家庭餐桌上散置的無數明信片上，這些標誌性的房子有遼闊的草坪，如果明信片上的敘述可信，還會有一些富有的雅士帶著遮陽傘在上頭漫步打羽球。草坪是一種新興審美風氣的一部分，顯示這種「美式實驗」將為所有希望努力工作並有所作為的人帶來家族繁榮——以及充裕的空閒時間可盡情打羽球。這個夢想適用於每個人，當然，那些被迫修剪、維護這些草坪的奴僕除外，這是這個國家直到今天都還解決不了的怪現象。

十九世紀初，普通的美國人沒有時間、金錢或勞力可用來培植草坪，

104 Downton Abbey，一部英國的時代迷你劇，創作人及主筆是演員兼作家朱利安・費羅斯（Julian Fellowes），故事時間設定在一九一〇年代英國君主喬治五世（George V）在位時，位於約克郡一個虛構的莊園。

105 Highclere Castle，位於英國漢普郡，建於一八三九年，由赫伯特（Herbert）家族所擁有。

106 George Washington，一七三二～一七九九，美國獨立戰爭時的陸軍總司令，於一七八九年成為首任美國總統。

107 Thomas Jefferson，一七四三～一八二六，第三任美國總統，也是《美國獨立宣言》的主要起草人。

108 Monticello，位於美國維吉尼亞州阿爾伯馬爾縣夏洛茨維爾郊外的皮埃蒙特地區，湯瑪斯・傑佛遜的故居。

109 Mount Vernon，位於美國維吉尼亞州北部的費爾法克斯郡，喬治・華盛頓故居。

只有超級富豪才供養得起這樣的奢侈品，但隨著艾德溫・比爾德・布丁[110]在一九三〇年發明割草機，草坪就變得親民多了。在接下來一世紀裡，它們逐漸成為個人（和國家）的繁榮象徵，隨著汽車成為美國的主要交通工具，前院成為炫富的好機會，讓途經郊區街道的機車騎士驚嘆不已。隱在白色尖樁籬笆後方、修剪工整的前院草坪很快成為（而且至今仍是）美國的終極象徵。

美國人**熱愛**他們的草坪，目前全美有十六萬三千八百一十二平方公里（約四千萬英畝）的家庭草坪，這相當於佛羅里達州的面積，麻薩諸塞州、羅德島州、德拉瓦州和康乃狄克州則有20％土地被草皮覆蓋，而在一・一六億戶美國家庭中，有高達75％家庭擁有某類型的草坪。姑且不論我們物種在改變地球面貌的其他種種方式，我們因為打造草坪的癡迷，所帶給大地景觀的變化，在動物界是絕無僅有的，我所能找到最接近的物種，或許是巴西東部的龐大古老白蟻丘群。這些巨大的土丘（通常有八呎高）縱橫交錯，橫跨巴西總面積達二十三萬平方公里的區域，從外太空也看得到；

這些土丘相隔二十米左右，足足有兩億個。白蟻大約在四千年前開始搭建這些土丘，它們是慢慢形成的，因為白蟻將牠們挖掘運輸通道和生活區域的隧道時，所產生的廢土搬到地表來丟棄。它們基本上是宏偉的垃圾場，但和人類的草坪不同的是，這些土丘對環境產生了正面影響，形成了巴西卡廷加[111]的底層。那是一片充滿生物多樣性的沙漠森林，是一百八十七種蜜蜂、五百一十六種鳥類和一百四十八種哺乳動物的家園，更別提還有一千多種植物。

我這輩子大概花了一千個小時割草，不管出於個人或工作原因，但老實說，我感覺被潛力布朗和那些開國元勳給騙了。草坪是一片幾乎無法作為野生動物棲息地，只能單種栽培的荒地，它們不提供任何食物，卻仍需投入大量的時間、金錢和資源，它們是一封寫給**炫耀性消費**的情書，這

110 Edwin Beard Budding，一七九六～一八四六，英國工程師，割草機和活動扳手的發明者。

111 Caatinga，巴西東北內陸地區的生態區域，一種半乾旱的熱帶植被，「Caatinga」具有「白色森林」或「白色植被」之意。

是經濟學者范伯倫（Thorstein Veblen）在他的著作《有閒階級論》（*The Theory of the Leisure Class*）中創造的用語，定義是「為了展示個人財富的特定目的而購買商品或服務」。草坪同時也是對環保運動的巨大鄙視，美國人每天僅在草坪上就用掉九十億加侖的水——約占所有家庭用水的三分之一，但由於蒸發、風和流失，其中約有一半被浪費了，從未到達植物根部，再加上割草機每年要消耗十二億加侖的汽油，這對環境的影響尤其惡劣，由於割草機引擎的效率遠不及其他種（如汽車）引擎，最終必須使用更多汽油並產生更多二氧化碳（CO_2）。換個說法，使用汽油動力割草機一小時，相當於開車行駛一百哩。美國環境保護局估計，維護草坪每年所產生的二氧化碳占全美二氧化碳總排放量的4％。每年排放一大堆二氧化碳到大氣中，這到底是為了追求……呃，什麼呢？

當然，這其實不是「潛力」的錯，對吧？因為他無法預測出他的園藝事業的走向。儘管如此，讓我們作個假設，如果今天的時間旅行者回到十八世紀，我們當面向「潛力」解釋，他的草坪構想將演變成一種導致氣候變遷、威脅人類物種生存的文化癡迷，他會不會擱置這想法？我很懷疑。人類有一種正當化自己行為的驚人能耐，即使有證據顯示將來會產生負面後果。所以，即使是最具魅力和說服力的時間旅行者，恐怕都很難說服「潛力」放棄畢生的事業。這樣想吧：如今我們已知道燃燒化石燃料的危害，但我們對草坪的執著仍在繼續。地球走向末日的威脅不會阻止我們維護自己的草坪，即使我們了解這種可笑但普遍的習慣會帶來什麼風險。

這種認知失調就是我所說的**預後短視**（prognostic myopia）。預後短視是人類思考、改變未來的潛能，加上人無力對未來發生的事付出太多關心，這是起因於人類利用獨特的認知技能，作出會導致長期後果的複雜決策的能力。但由於我們心智的演化主要是為了處理眼前（而非未來）的局面，因此我們很少經歷甚至理解這些長期決策的後果，這是人類思維最危險的一項缺陷，危險到甚至可能導致我們物種滅絕。也因此我將用一整章的篇幅來解釋什麼是預後短視，它是如何產生的，它如何影響我們的日常生活，以及為什麼它對人類構成滅絕等級的威脅。

什麼是預後短視？

和所有動物一樣，人類生活在一個每天都得作出許多決策，以滿足食物、住所、性等日常需求的世界，這種當下決策的由來可遠溯至生命之初，是生物學的基礎。但是人類的因果推理、情景預見、有意識的深思熟慮等能力，使我們能針對這些日常的當下問題制定解決方案，所造成的未來後果的規模之大，也是地球生命史上前所未見的。我們能創造許多依賴技術和工程的解決方案，如尼采所寫，「至今還無人可以提出其影響力的千年定論」。和所有動物一樣，我們的生物習性迫使我們應對當下的狀況，但和其他動物不同的是，我們的決策，可能催生出對未來世代產生有害影響的技術，這種脫節現象正是「預後短視」（prognostic myopia）的核心。

舉個例子，假設你突然想吃點零食，在一萬年前，你可能會走進森林幾步，把手伸進一根圓木，然後拽出一把美味的白蟻。就這樣，零食到手，問題解決了。但現在，你可能會走進廚房幾步，抓起一根香蕉。同樣的問題（肚子餓），同樣的解決方案（食物）。

兩者的區別在於，現今香蕉的取得完全是由「人為過程」促成的，而這些過程為簡單的「拿零食行為」增添了難以想像的複雜性，這些過程還會產生我們不曾考慮過的長期後果，而所謂的「人為過程」是指什麼呢？

如果你像我一樣，八成也是生活在一個香蕉無法自然生長的地方，因為大多數香蕉（Dole、Del Monte、Chiquita[112]等公司所販賣的香蕉）都是在南美洲的農場種植的。也就是說，他們必須用卡車將這些香蕉載到最近的南美港口，運上飛機或輪船，然後繞過半個地球，在國內加工，配送到超市，然後，因為你購買了它，落入你的果盤。如果你在訂有可笑包裝政策的超市購物，可能還得先打開塑膠袋才能拿到香蕉，然後你會驚嘆於它的色澤和形狀，這兩個因素是由種植期間使用的化肥和殺蟲劑混合形成的。顯然，將香蕉運往世界各地，並將它們裝入用石油產物製袋子的過程，會

112 皆為美國食品公司或農產品經銷商。

產生大量的碳足跡，所以就更別說以殺蟲劑和化肥為基礎的單種栽培帶給土地（通常是古老雨林）的環境衝擊了。這些土地的原生植被已被清除，以滿足我們對香蕉的渴望。關鍵是，我們在二十一世紀對零食的渴望和一萬年前是一樣的，但我們複雜的認知使我們能夠從事大規模的活動（像是石油和天然氣開採、機械化耕作、土壤損耗），而這些行為正把這個星球變成一個不適合居住的鬼地方。我們廚房裡擺滿了來自全球，會讓人類物種面臨重大生存難題的農工業複合體的食物。

香蕉的例子突顯了預後短視的兩個主要負面後果。首先，不同於其他動物，人類能為自己的問題，創造出一些會對未來世代產生難以預期後果的長期解決方案，例如砍伐熱帶雨林來滿足我們對香蕉的渴望，或者耗盡備用水資源來種植潛力布朗發明的草坪。第二，即使在可以預見一些長期解決方案負面後果的情況下，我們的大腦也本能地無法像對待眼前事物那樣，對這些後果真正付出關注。你天生就是不會關心為了香蕉單種栽培而砍伐巴西雨林所產生的未來衝擊；你天生就是會在超市拿起香蕉然後扔進購物車。這種冷漠，正是時間旅行者絕不可能說服潛力布朗放棄設計草坪的原因所在。

想知道預後短視是如何形成的，我們得先了解，為何人類這種動物的決策方式這麼不利於處理未來問題。

人類對未來無感

我們在前一章中了解到主觀體驗（即意識），如何讓我們的大腦動員多個認知系統來協助我們作出複雜的決定，人類有幾種獨特的認知能力，可以在我們作決定時登上即興劇舞臺，接受主觀覺察聚光燈的照射，包括因果推理、心理時間旅行、情景預見和時間自覺，但有大量的**無意識**認知系統也作出了貢獻。這兩大系統（有意識和無意識的）協力合作，以產生我們的決策行為，最終導致了預後短視，要了解這是如何運作的，首先讓我們來討論一個我在世上最愛的動物：我女兒。

和許多學齡兒童一樣，我女兒每天早上都很暴躁，她會變得有點莽撞，而且動不動發表一些冷酷的宣言，像是「我討厭學校、所有人和所有一切！」任誰聽了都會不開心。有個專業育兒技巧：這時對孩子說「別那麼負面」是沒有用的，相反地，不妨試試一種老式的行為操縱技術：操作制約（operant conditioning）。這種在無意識中改變行為的方法非常有效，即使孩子清楚意識到自己正被操縱，你仍然可以在他們身上使用。

為了讓我女兒早上脾氣好些，我讓她坐下，解釋我打算如何對她實施操作制約計畫（以及何謂操作制約），基本構想是，每當她表現出良好行為，就會立刻得到一次正面獎勵，在這例子中，每次她說出一句好話，便會得到一顆起司爆米花。很快地，她的大腦在說好話和得到好吃零食之間建立起持久的聯繫，然後，她的潛意識會促使她發出正向陳述，來獲得吃爆米花帶來的腦內啡快感。這正是科學家在動物行為實驗中所採取的方式，但在這個例子中，我可以告訴我的動物實驗對象她即將面對的一切。我們都認可這些做法是為了訓練她的大腦產生更多幸福感，這也是她完全同意的目標。

結果大成功。

每天早上，我都會用一個 Ziploc 袋子裝滿起司爆米花，隨身攜帶，每當她說出「外面好冷，但起碼我有一件暖和的外套」，或者「今天午餐我想吃通心粉和起司」之類的話，我就扔一顆給她。突然間，我們的早晨時光變得明朗快活多了，大家的心情也好了起來，她不見得高興去上學，但比以前快樂了。這是大腦產生決策的最古老方法之一，從果蠅到小屁孩，大腦很快就學到，產生某些行為會立即帶來正面（或負面）後果。這是一種產生「捷思」（heuristic）的簡單而古老的決策小訣竅。在心理學中，捷思是一種幫助我們迅速作決策，通常是無意識的心埋捷徑或經驗法則。我女兒再也不必花時間想出五、六種可在餐桌上發表的話，並仔細推敲每句話能把父母激怒到什麼程度，相反地，操作制約將她的大腦送上了愉悅之路。

顯然，作出輕率決定的大腦是不會考慮長期後果的，因此，倉促的潛意識決策也成了預後短視問題的必然原因。要理解它的重要性，我們得先了解這種潛意識捷思在人類決策行為中有多麼常見。

如果過去二十年裡你逛過機場書店，很可能撞見過大量的科普書籍，書中充斥著人類決策受到無意識過程的支配（就算不是主宰）的例子。例如葛拉威爾（Malcom Gladwell）所著《決斷2秒間》（*Blink*），認為我們自動（即不假意識）作出的決定，往往比我們花數小時或數天考量所作的決定更好；或者丹尼爾·康納曼的《快思慢想》，書中比較了我們作決策時對快速／自動／無意識思維（即「系統一」）以及緩慢／精算／有意識思維（即「系統二」）的依賴程度，他這樣描述兩者：「只要我們醒著，『系統一』和『系統二』都處於活動狀態。『系統一』自動運轉，而『系統二』通常處於放鬆的省力模式，只動用量能的一小部分。『系統一』持續向『系統二』提出各種建議：印象、直覺、意圖和感覺。如果得到『系統二』的認可，印象和直覺就會變成信念，衝動也會變成自發行動。當一切進行順利，也就是大多數情況下，『系統二』會採納系統一的提議，幾乎或完全沒有修改。」

許多具影響力的著作都闡述了關於無意識思考的力量和普遍性的觀點，包括塞勒（Richard H. Thaler）的《推力》（*Nudge*），杜希格（Charles Duhigg）的《習慣的力量》（*The Power of Habit*），勒雷（Jonah Lehrer）的《大腦決策手冊》（*How We Decide*），布萊夫曼（Ori Brafman）的《左右決策的迷惑力》（*Sway*），以及蒙泰格（Read Montague）的《如何作出選擇？》（*Why Choose This Book?*），其中包括《誰說人是理性的！》（*Predictably Irrational*）作者丹・艾瑞利（Dan Ariely）。艾瑞利是研究人類決策的行為經濟學者，他也促成了一種觀點的流行，也就是：人類並非我們自以為的那種「理性而自覺」的決策者。他認為，我們是（無意識地）被周遭的整體環境推動著作出決定的，是外在環境觸發了捷思和認知偏誤，讓我們能產生行為而不需要任何有意識的思索或理性，他常舉的一個例子是器官捐贈行為。一項由艾瑞克・強森[113]和丹尼爾・戈德斯坦[114]所進行的著名研究發現，一些歐洲國家的人同意死後捐贈器官的比例極高，有些國家則非常低，這些同意率似乎和文化差異無關。尼德蘭（荷蘭）等國的捐贈同意率為27.5％，而和他們有著密切文化和語言聯繫的近鄰比利時，其同意率為98％。這種

113 Eric J. Johnson，美國行為科學專家，哥倫比亞大學商學院決策科學中心主任。

114 Daniel Goldstein，美國認知心理學家，微軟高級研究員。

顯著差異，和人們對器官捐贈或臨終決定的觀感無關，而是跟他們申請駕照時被要求填寫的器官捐贈表格有關。

尼德蘭表格要求人們，如果願意加入器官捐贈計畫，就在方框上打勾；反之，比利時表格則要求人們，想退出的話就打勾。結果發現，很少有人決定在兩種表格的方框上打勾，因為人們對器官捐贈問題考慮很多，而兩種表格通常都沒人打勾。人類對現狀有一種無意識偏見，當我們必須採取行動改變現狀或者維持現狀，通常會選擇阻力較小的途徑，在這例子中，人們只想免去勾選方框的麻煩。當許多國家將他們的相關駕照表格改為「勾選方框以退出」版本，器官捐贈同意率馬上飆升，所以，是環境（在這例子中是表格）引導人們使用隱藏的捷思作出無意識決策。

重要的是，當你問人們為什麼決定參加（或不參加）器官捐贈計劃，你會發現他們完全沒察覺到推動他們採取行動的無意識想法。「實際情況是，人們談論著自己作出這些決定的經過，」艾瑞利告訴全美公共廣播電臺主持人蓋伊·拉茲（Guy Raz），「他們把它說得——好像他們花了一整週時間才打定主意。選擇不加入的人會說，你知道，我真的很擔心醫療系統，一旦我這樣做，會不會有一些醫生過早拔掉插頭；選擇加入的人則說，你知道，我父母把我教養成一個善良有愛心的人。」

這些人沒撒謊，他們有意識的大腦只是在尋找**事後**解釋，來說明他們為什麼那麼做，但這是一種錯覺。「我們常以為自己坐在駕駛座上，對自己所作的決定和生活的方向握有最終控制權，」艾瑞利在《誰說人是理性的！》一書中寫道，「但是，唉，比起現實狀況，這種感覺和我們的欲望（希望如何看待自己）還比較有關。」

這個器官捐贈的例子和預後短視問題關係特別密切，你的肝臟或心臟在你死後要如何處置的問題，需要你進行極其複雜的思考。你顯然擁有成熟的死亡智慧，你不只必須預測未來數年或數十年**你**對捐贈器官的感受（即模擬未來心理狀態的能力），而且還要預測**其他人**（例如器官受贈人）透過心智理論對此一決定的感受。器官捐贈問題需要最複雜的人類認知和決策來源，才可以送上第五章討論過的、其他動物所缺乏的意識舞臺。

然而我們捐贈肝臟的決定，最終歸結為一種低調的、懶得在方框打勾的單一捷思，它和所有複雜的認知關係不大，而且永遠不會進入有意識覺察，我們是被大腦內的無形力量逼著作出這決定的。有太多研究案例揭示了控制我們決定的無形力量，讓人不禁懷疑人類是否有任何自由意志，以下是我最喜歡的三個：

女性在卵巢排卵後、月經開始前，會更容易被性伴侶以外的男性吸引，要是目前的性伴侶有張不對稱的臉，她們會更容易被其他男人吸引。因此，如果妳是一位異性戀或雙性戀女士，突然發現自己對當地星巴克咖啡師傅產生好感，這不只是因為他笑容可愛，風趣又健談，而是因為妳目前的伴侶鼻梁有點歪，而妳的身體很想和五官較對稱的人交配。

如果你是一個住在紐約市的白人，我請你看一個影片螢幕，然後記錄下你能夠識別出緩緩聚焦的槍枝圖像的速度，會發現如果螢幕上先閃現一個黑人臉部圖像，你會更容易辨識，即使閃現速度快到你幾乎察覺不到也一樣。為什麼？因為在北美成長的白人往往發展出一種將黑人和犯罪聯繫在一起的無意識偏見，即使那些發誓自己沒有半點種族歧視觀念的白人也是如此。

如果你看到貨架上放著六種而不是二十四種果醬，你會更有可能購買。為什麼？因為當有太多選擇需要考慮時，人類大腦會經歷**選擇超載**（choice overload），可供選擇的果醬越多，我們就越可能什麼都不買。我們購買果醬的決定通常是基於果醬罐在貨架上的陳列，而不是果醬罐本身的內容。

我可以沒完沒了地繼續舉出這些認知偏誤和憑經驗累積的捷思的例子，但關鍵是：即使我們認為我們有意識決策是透過緩慢、審慎而理性的思考而達成，它們往往也是從我們覺察之外源源冒出的大量無意識程序的產物，或起碼受到它們的影響。

人類的很多思維和日常決策都受到「無意識力量影響」的這個事實，對於理解預後短視十分重要，這清楚說明了，即使我們仍會有意識地思索一個問題，我們所作的決定卻往往是腦中一些無形的情緒和捷思的產物。而由於這些情緒和捷思，是專門用來解決眼前（而非遙遠未來）的問題的，因此給了預後短視生長的空間。

當我們面對非近期的決定（無論是一小時、明天或一年後），我們的情景預見能力和時間自覺能讓我們將自己投射到那個未來。然後，我們可以根據所能作出的各種選擇來想像自己的感受。但是，這些源於人類獨特認知的，關於遙遠未來的想像情節，並不具備和發生在近期的情節相同的情感分量。有意識地察覺到**此刻**的飢餓，是召集無意識潛能大軍的原因，這些潛能會觸發我們的偏見和捷思，幫助我們決定當下該怎麼做。儘管我們也能想像五個月後的飢餓，但這支無意識潛能大軍對我們決策的影響力，就不像**此刻**感到飢餓時那麼大了。這些無意識程序的目的並不是為了理解未來，這是預後短視的矛盾之處：我們能想像未來的感受，但對我們來說這些感受不如眼前的感受來得有意義。當情景預見進入主觀體驗的即興劇舞臺，並傳播到大腦的潛意識部分，其中某些部分根本辨識不出那是什麼。它們是在數億年當中為了應付當下而演化出來的古老程序，遙遠的未來對它們毫無意義。因此，我們理解未來甚至想像未來處境的能力和決策系統競爭著，而決策系統的組成部分並未真正理解自己該做什麼。

我們已對我們物種的決策方式以及預後短視如何參與其中有了較多了解，接著來看看，當我們著眼於未來的決策出錯時將會如何。

預後短視的日常問題

預後短視使我們很難針對未來作出正確決定，因為我們深受此時此地問題的影響，為了說明這種困難如何影響我們的日常生活，我將提供幾個我生活中的例子。我將把我過去四十八小時所作的決定，拿來和總是知道我所有問題最佳解決方案的決策機器人的建議進行比較，我把這個機器人叫做「預後神器」。假設預後神器的目標是最大化我的健康和幸福，以及我未來子孫的健康和幸福，你會認為兩個目標是一樣的，但如同我的實際決策顯示的，顯然並非如此。

例子一：賈斯汀（我）想唱歌。

幾年來，我每週都會和幾個朋友聚在一起彈奏音樂，我們都是高中時參加過搖滾樂團的中年大叔，這是所有可能的中年危機場景中最常見的一種。在最近一次練習中，當時間來到晚上十點半，我們真正感覺到進入了狀態，但因為孩子們第二天還要上學，因此我們都得在十一點以前回家，不過我們正在興頭上，當我們看著樂器盒，開始動手收拾東西時，一個老友問，「還有時間再來一首嗎？」

決策時間。這時，「預後神器」會說，唯一合理的行動方針是拒絕——收拾好裝備，在十一點之前回家睡覺。如果能睡足七小時，我的健康幸福水平將會最大化，這是不可否認的事實，但我做了什麼？

「我們就再唱一首吧，」我說。

在那一刻，我有意識地察覺到怎麼做才對。但我腦子裡充斥著大量相互衝突的訊息（有些是無意識的）促使我留下來。顯然當時我很樂在其中，因此我的大腦熱切地想維持放聲高歌九〇年代垃圾搖滾帶來的腦內啡快感。但或許我也擔心提早離開會讓其他人掃興，跟這夥人相處，不太容易受到有害的同儕壓力，但對人類境況至關重要的深層的社交關懷，以及和同儕保持社群聯繫的無意識願望，還是促使我留了下來。當然，我有能力（透過情景預見）想像如果我決定熬夜晚睡，第二天會是什麼樣子：整個人昏昏沉沉，脾氣暴躁。我們都知道那種感覺——有多少人明知道第二天必須早起，卻仍然熬夜瘋狂追劇？儘管我具有情景預見能力，並且在理智上了解自己會很累，但那一刻的樂趣讓我無法作出最佳選擇。

於是，我們又彈奏了幾首歌，直到午夜我才回到家。第二天我整個垮了。這是進行中的預後短視：在理智層次上，我完全清楚熬夜會對我未來的情感和生理狀態產生什麼影響，但我的大腦將做錯事合理化，因為我無法用一種對我的決策過程有意義的方式感受自己行為的後果。我理智上知道我會很累，而當我第二天醒來，我也確實很累，但在那一刻來臨之前，我還未受到決策全部後果的影響。

例子二：賈斯汀想看一部 Hallmark 影片[115]。

115 Hallmark 頻道於一九九五年成立，是一個全球性的有線及衛星電視頻道，收視總數高達一億萬户，播出的內容多為合家歡風格的影片。

作為自由工作者，我大部分時間都自家工作室辦公，沒有上司在後面監督，確保我繼續埋頭工作。我只有待辦事項清單、截稿期限以及「該認真做事了」的模糊感覺，換句話說，自律決定了我的生產力。然而，昨天連這感覺也幾乎沒了，我的拖延水平達到史上最高點。為了幫助我擺脫恐慌，妻子問我想不想在午餐後和她一起看一部 Hallmark 聖誕影片，在兩人世界中我們經常一起觀賞影片，我們常自嘲迷失在電影的「火車殘骸」[116]裡了，這是提振精神的妙方，她的提議是對的。

這時我得要作出決定：花一下午看 Netflix，或者繼續工作。「預後神器」肯定會給出明白的答案：回電腦前面趕進度去。不這麼做的後果可能會很慘，延誤工作期限或者失信於接案雇主，可能會導致我失去未來的工作機會，這會造成嚴重的情緒困擾，更別說經濟困難了。根本想都不用想：跳過 Hallmark 影片，工作去。

那麼我作了什麼選擇呢？結果我看了《聖誕王子》（*A Christmas Prince*）。順便說一句，這部電影不是大爛片，女主角蘿絲・麥可佛（Rose

McIver）是個甜姐兒，真的。

但我如何替自己辯解？我和「預後神器」一樣清楚其中的利害得失，以及怎麼做才是正確的。但同時我又想做點什麼，來消除那一刻閃過我腦海的負面想法，而最簡單的方法就是分散注意力。當然，看電影意味著和我的人生伴侶共度美好時光，這本身就是一種回報。我的大腦在即時獲得滿足的需求，以及這個決定帶來的長期負面後果之間難以取捨，多虧了預後短視，我對未來的苦惱不可思議地被淡忘了。

華瑟曼（Edward Wasserman）和詹塔爾（Thomas Zentall）這兩位以動物認知研究著稱的心理學家在二〇二〇年為NBC新聞寫了一篇文章，試圖解釋為何像我這樣的人類，會對自己所作決定的長期後果如此漠不關心：

> 緊急生存需求（據信是由我們和許多動物共有的較古老的大腦系統調

116 train wrecks，「火車殘骸」意指極為糟糕，也就是大爛片的意思。

解的）意味著我們仍然會從事衝動行為，這些行為曾促成我們的生存和繁殖成功，但如今已變得次要，因為我們生活在一個長期偶發事件扮演著日漸重要角色的環境當中。

這總結了為何我的日常生活充滿了預後短視的問題，但這也解釋了一個更加不幸的後果。由於人類長期生活在一個充滿偶發事件的世界中，我們的糟糕決定所影響的不只是我們的日常生活，當今活著的人正在作一些多年後才會有人感受到負面後果的決策，而且往往是未來的許多**世代**。然而，我們的大腦天生就無法感受這些後果，事實上就作決策而言，時間越久遠，我們越不關心。想像三百年後那個你已不存在的世界，足以大大削弱情景預見中可能有的情感意義，我們不再將現世的自己放在這些時間旅行投影的中心，而是試著想像一群假想的子孫走過一片幾乎難以想像的、假想的大地。截至目前，這幾乎成了一種智力練習，和我們的大腦演化至今所能作的各種決定相去甚遠，預後短視很可能就這樣要了我們的命。

預後短視的毀滅性未來

全球挑戰基金會於二〇一六年發布一份報告，估算出「未來百年內人類滅絕的可能性為9.5％」。最有可能的三種方式被認定為：1.核浩劫，2.氣候變遷，以及3.生態崩潰。每一種都是將科技帶入世界（例如核武、內燃機）的人類認知的結果，這些科技將對地球產生極其可怕的破壞力，讓它再也無法維持人類的生存。並不是說其中一些科技剛出現時我們不了解它們的潛在負面影響，例如，分裂原子的探索正是專門為了它的負面結果而進行的（想發明能夠一口氣消滅數百萬人的炸彈）。那些負責製造核武的人還公然怪罪（也許是讚揚？）預後短視導致他們這麼做。參與曼哈頓計畫[117]的科學家之一羅伯．克里斯帝[118]曾說：「我看過廣島受難者的照片，

117 Manhattan Project，第二次世界大戰期間研發出人類首枚核子武器的一項軍事計畫，由美國主導，英國和加拿大協助進行。

118 Robert Christy，一九一六～二〇一二，加拿大裔美國人的理論物理學家、天體物理學家。

他們遭受了非常嚴重的燒傷，臂膀垂掛著破碎的皮肉，你在研發的時候不會想到這些，你只想解決眼前的問題。」

我們會輕易將那些預測未來的認知技能推下意識舞臺，轉而引導大腦去處理當下的問題。這種能力和《否定》一書作者瓦爾基所推測的，讓人類能夠將自身（和他人）死亡的想法區隔開來的否定作用密切相關，否定作用使得我們將這些想法推入黑暗的無意識中，然後繼續製造炸彈。

這讓我們想到了預後短視帶來的存在威脅的最佳例子，這是一個涵蓋了全球挑戰基金會指出的第二、第三種最可能導致人類滅絕的方式、關於決策和否定作用的故事。它還關係到一個明知道某樣東西會造成破壞，卻仍將它帶到這世上的決定，是的，我說的就是化石燃料。

讓我們從一個「警告」開始說。在近代歷史中，從沒有過人們從知道化石燃料燃燒產生的碳排放可能導致氣候變遷，卻突然轉變為**確信**它們確實會的時刻，建立共識需要時間。儘管如此，石油產業對其在全球環境造成了嚴峻、滅絕等級的破壞，並非毫無理解。一九六八年，史丹佛研究所的兩位研究員羅賓森（Elmer Robinson）和洛賓斯（RC Robbins）向美國石油協會提交了一份關於大氣污染物的報告，他們煞費苦心地加入了關於化石燃料燃燒釋放二氧化碳的危害的訊息。他們警告，「二氧化碳在建立地球熱平衡方面起著重大作用」，大氣中過多的二氧化碳會導致「溫室效應」，進而導致「南極冰山融化、海平面上升、海洋變暖和光合作用增加」。他們得出結論，「目前人類正用自己身處的環境，地球，進行一項巨大的地球物理實驗。到了二〇〇〇年，幾乎肯定會發生顯著的溫度變化，因而導致氣候變遷，」而且「毫無疑問，這對我們環境的潛在破壞可能相當嚴重」。換句話說，羅賓森和洛賓斯向石油產業解釋了當時科學界的普遍看法，內容也都是老生常談——而過了五十多年，這些研究與發現都已成為主流。

然而，石油業並沒有因此放慢化石燃料的開採速度。

十年後的一九七八年，NASA太空研究所所長漢森（James Hansen）博士應邀到美國參議院能源和自然資源委員會作證，在證詞中，他向美國政府（以及全世界）證實了羅賓森和洛賓斯的警告實際上是不可否認的現實。他表示，「全球暖化已達到相當程度，我們高度確信溫室效應和觀察到的暖化現象之間存在因果關係……在我看來，溫室效應已被偵測出來，而它正在改變我們的氣候。」其成因如同漢森向參議院解釋的，是燃燒化石燃料所釋放的二氧化碳。

然而，石油業依然沒有因此放緩化石燃料的開採。

二〇一四年，埃克森美孚石油公司發布一份報告，聲明「埃克森美孚認真看待氣候變遷的風險，並繼續採取有意義的措施來幫助因應風險，並確保我們的設施、營運和投資都在考慮此一風險的情況下進行管理」。當時媒體廣泛認為，這是埃克森美孚首次承認了氣候變遷是「真實存在的」，化石燃料產業在扭轉局勢方面有其重要角色。

然而，石油業的回應是(你猜得到嗎？)沒有減緩化石燃料的開採。

為什麼科學證據撼動不了化石燃料業者？為什麼自一九六八年羅賓森和洛賓斯發表第一份報告，直至今日，化石燃料的總開採量仍在逐年增加？既然風險如此之大(而且我們早就知道了)為什麼該產業不早點採取行動？

答案是，在問題擺在他們面前的每個階段，化石燃料產業的決策者從未感覺到急迫感，他們被要求考慮的問題屬於遙遠的未來，一百年以後的事，到時他們早就作古了。況且，說到他們的切身利益，化石燃料產業創造了多少財富？造就了多少百萬或億萬富翁？創造了多少就業機會？我們當前和不久將來的繁榮取決於汽車、火車和飛機數量的增長，而這些都得依賴石油工業產品才能運轉。這是進行中的預後短視，他們可以無視證據，無論它有多可怕，因為他們關注的是眼前的問題（和眼前的利益）。

就像羅伯．克里斯帝研究原子彈時的做法。當然，有時他們不光是無視，有時他們會積極混淆真相。二〇二一年七月，埃克森美孚公司聯邦關係部前高級主管麥考伊（Keith McCoy）被逮到在錄音中承認該公司就是這麼做的。「我們有沒有悍然回擊一些科學研究？有。我們有沒有加入一些影子團體[119]來對付一些早期的研究？有，這是事實，但這並不是什麼違法的

119 shadow group，以少人制進行的質性研究（相對於「量化研究」）模式，過程類似「焦點小組」（透過詢問與面談來獲得對方的觀點與評價），團隊主持人只會提出反問，讓對方來回答 How 或 What 的問題。

事。你知道，我們得留心我們的投資，我們得關照我們的股東。」

然而，我認為與其說麥考伊是老謀深算的惡棍，不如說是預後短視的受害者。和多數人一樣，他沒辦法真正體會他當前的行為所帶來的未來後果，這不管是誰都沒辦法體會。結果，我們的社會、金融和政治制度也反映了這個事實。《2020年全球風險報告》指出，「我們的政治法律體系旨在解決結構化、短期、直接的因果問題（和氣候問題恰恰相反）。」這解釋了為何政府和企業看到了人類即將滅絕的預測報告後行動仍舊如此緩慢，因為我們的社會就是建構在預後短視之上的。

但偶爾也有一些人似乎確實能充分感受到遙遠的未來，他們正竭盡努力推動政治－法律體系採取行動，例如瑞典環保少女童貝里（Greta Thunberg）。在二〇二〇年一月達沃斯世界經濟論壇年會上的演講中，作為她的「為氣候罷課」運動的一部分，她說話時就像一個想像著未來情景，腦中對當下充滿恐懼感的人：

我們都可以選擇。我們可以創立一些變革性行動來守護後代子孫的生活環境；或者我們可以繼續照常做自己的事然後失敗。我們必須改變當前社會的幾乎所有事，我要你恐慌，我要你感受我每天感受到的恐懼，然後我要你行動，我要你像大難臨頭那樣行動，我要你像我們的房子著了火那樣行動，因為它確實著火了。

顯然，人類並沒有像自己的房子著了火那樣採取行動，儘管人們普遍意識到氣候變遷是人類碳排放造成的一個真實問題，儘管各國和世界領導人已承諾遏制排放並採取了簽署《巴黎協定》（旨在減少全球溫室氣體排放）之類的行動，實際情況是，我們在整個地球之上的碳排放量仍然不斷增加。到二〇三〇年，溫室氣體排放量將穩定增加16％，這將導致本世紀末全球大氣溫度上升攝氏2.7度。這種大幅度的增溫將帶來劇烈洪水、農作歉收、暴雨、熱浪和野火，使得地球大部分地區變得無法居住，這種增溫也已開始危及世界上的極弱勢人口。這正是為什麼人類在一百年內滅絕的可能性為9.5％。儘管可怕，由於預後短視，政治家們並沒有足夠的意願來阻止它的發生，也因此童貝里在二〇二一年九月於義大利米蘭舉行的青年氣候峰會中再次呼籲各國領導人：

「重建更好未來」（Build Back Better），空談！綠色經濟，空談！二〇五〇年淨零，空談！所謂世界領袖就只會說這些，很好聽，但從未付諸行動，我們的希望和抱負淹沒在他們的空洞承諾中，他們已經空談了三十年，結果把我們帶到了哪裡？但我們依然可以扭轉局面——這是完全有可能的，這將需要立即、大幅度的年度減排。但如果事情繼續這麼下去就沒機會了，我們的領導人蓄意不採取行動，這是對當今和所有未來世代的背叛。

預後短視顯然影響著各國領導人以及所有人，沒人能倖免於它產生的認知失調，即使面對的是全球大滅絕之類的高風險。想想，今天出生的孩子死於一場全球滅絕事件的可能性，是死於一場車禍的五倍，好好考慮一下這點吧。想想人們開車的頻率，然後把這句話再看一遍。然而，老實說，我個人根本感受不到它的危險性。

如果你告訴我，我繼續每天開車送女兒上學，她有9.5％機率會死於車禍，我肯定會盡快尋找替代方法，我會打從心底感覺到危險。但如果你告訴我，如果我繼續開車送女兒上學，我的曾曾孫女有9.5％機率會死於生態崩潰，我會不會停止開車？不會。儘管那是我的親人未來得面對的事，但我依然故我，沒事似的開著我的速霸陸到處跑。

人類就是沒有能力將我們用於短期決策的同一套標準，用於評估自身行為的長期後果。童貝里呢？為何比起許多人，她是那麼獨特，或者顯得如此獨特？童貝里認為她的自閉症使她能夠專注於未來的問題，而不會受到預後短視的影響而分散注意力。「我患有亞斯伯格症，意思是有時我會有點異於常人，」她發推文說：「而且，在適當情況下——異於常人是一種超能力。」除了少數具有遠見的例外，作為一個物種，我們天生無法對自己的決定有這種感受，很多人沒有童貝里的超能力。我們，說穿了，就是患有預後短視症而無法行動。

我想花點時間向那些可能在下個千禧年之交閱讀本書的人說幾句話，包括我自己的曾曾曾孫輩，我代表我們這一代人致歉。我出生在一九七〇年代，成長於八〇、九〇年代工業和資本主義席捲北美的繁榮時期，當時幾乎沒人討論我們的行為會如何影響地球健康。儘管有許多科學家談論「資源回收」、「酸雨」或「全球暖化」等話題，但直到跨入二十一世紀，人們發現自己走上了一條黑暗之路，才對整個氣候變遷問題有了真正了解。我個人也要說聲抱歉：儘管我很清楚這對你們意味著什麼，卻依然開著我的SUBARU到處跑。

作為人類，我們是自身成功的受害者，地球上從沒有一個物種能像我們這樣從根本上改變地表的環境。現在該是認清這問題的重要性的時候了，隨著預後短視的幽靈盤據不去，該是對人類智力的價值作出判定的時候了。

Chapter

7

人類例外論

我們贏了嗎？

科學現在就要為哲學家的未來任務鋪好道路；據悉這任務意味著，哲學家必須解決價值問題；他必須確認價值的等級。

——尼采——

巴西亞仔細計算了維吉尼亞州春田市阿科汀克湖公園鐵路棧橋的高度，從橋的邊緣到底下的水泥溢洪道有七十呎。身為業餘高空彈跳愛好者、曾被他祖母形容為「在校表現機靈」的巴西亞將好幾條彈跳繩用膠帶連接起來，製作出一條約七十呎長的繩索，一九九七年七月十二日清晨，巴西亞將這條克難的繩索繫在腳踝上，另一端繫在棧橋上，縱身跳下。

不久後，一名慢跑者發現他的遺體，由於彈跳繩拉扯時有延伸性（被巴西亞忽略的事實），他將繩索長度多估了約六十呎。

有人會忍不住竊笑巴西亞的愚蠢，但這不是關於愚蠢的故事，巴西亞對彈跳繩長度的錯誤計算，只不過是人類認知才能（human cognitive prowess）這個更大傳說的可悲註腳。站在棧橋支架邊緣並設計出如此詳盡的計畫，證明了人類大腦的神奇之處，他的死是一個簡單的數學計算錯誤結果，即使是超級聰明的火箭科學家也會犯類似的錯誤。還記得一九九九年耗資一．二五億美元的火星氣候探測者號，在這顆紅色星球的大氣層中燒毀嗎？NASA噴射推進實驗室的工程師使用公制單位計算探測者號的軌道，但洛克希德馬丁航太公司（探測者號軟體的開發者）[120]的工程師使用吋、呎和磅[121]。結果？當它進入軌道，太空探測器的位置低了一百七十公里。和巴西亞一樣，它草草墜亡了，這是一個原本不凡的、關於人類聰明才智故事的悲慘結局。

本書的目的是弄清楚，像巴西亞這類故事在人類智力的價值方面給了我們什麼啟示。從第一章開始，我就一直針對智力範圍內的各種認知技能進行分類，以確定人類大腦是否獨特，以及／或者是不是好事。或是，如果我們（無論是作為個體還是一個物種）擁有其他動物的大腦，會不會活得更好？

讓我們仔細研究一下我們的業餘高空彈跳迷，他的腦子到底出了什麼問題，最終導致了他的死亡？為了這次彈跳，巴西亞顯然已準備了好

120 Lockheed Martin，美國航空航太製造廠商，一九九五年由洛克希德公司與馬丁．瑪麗埃塔公司共同合併而成，總部位於馬里蘭州蒙哥馬利縣的貝塞斯達，以開發、製造軍用飛機而聞名，同時也是目前全世界最大的國防工業承包商。

121 英制單位。

幾天——甚至好幾週。這意味著，不同於其他動物物種，他能夠想像自己身處在一個未來場景，在其中因為跳下棧橋而體驗到正向感覺（例如喜悅、恐懼、興奮），換句話說，這正是有腎上腺素癮頭的人的狀況。該計畫本身關係到對因果關係（我們物種特有的一種因果推理形式）的深入認識。大多數動物都知道東西會往下掉，但巴西亞對拉力負載、拋物軌跡、經典力學等有更深入的了解，例如，他知道在腳踝上繫一根繩子可以防止他撞上地面。當然，巴西亞也非常清楚，從七十呎高的橋上跳下來（在任何情況下）本質上都是危險的，因此也很可怕。但是，如同所有尋求刺激的人都會告訴你的，克服這種恐懼也是樂趣的一部分，畢竟他是在高空彈跳，不是想尋死，本書所討論的、關於人類大腦獨特性的所有一切都在這裡顯現了。

想像一下桑提諾（第三章中談過的扔石頭的黑猩猩）和巴西亞一起站在棧橋邊緣，桑提諾和巴西亞在那一刻的思考過程會有什麼不同？由於黑猩猩是我們最親近的演化親戚，比較桑提諾和巴西亞如何處理這情況，將能提供關於人類例外論，以及我們的大腦較之其他動物有何不同的重要線索。鄭重聲明，桑提諾絕不會為了尋求腦內啡的刺激，在腳踝上繫繩子然後從鐵路棧橋上縱身躍下。

先談談基本問題：非人類動物到底有沒有尋求刺激的行為？許多動物都有尋求新奇事物的行為——尋求刺激的近親，請試想一下「貓」的行動，YouTube上充斥著貓因為喜歡探索帶有危險性的場景（例如高樹、狹小空間）而讓自己陷入險境的例子。然而，BBC於二〇一七年製作的《荒野間諜》（*Spy in the Wild*）紀錄片中的印度野生獼猴，可說是動物不光尋求新奇，還積極追求刺激的最明顯例子。這些猴子爬上一根豎立在戶外噴水池中的十五呎高的柱子，一頭栽進狹窄的水池，只要稍微失算，都可能導致牠們沒能落入水中而受重傷或死亡。雖然危險程度遠不如從水泥道路上方的七十呎高棧橋往下跳，但不可否認的是，這些猴子正在從事一項儘管（或因為）涉及風險，牠們仍能從中獲得樂趣的危險活動。

那麼，是什麼阻止桑提諾玩高空彈跳？黑猩猩有可能（儘管可能性不大）會想要從事類似獼猴跳水，這樣尋求刺激的危險行為，但說到體驗刺激所需的認知技能，高空彈跳和跳水並不相同。桑提諾得制定一個計畫，以便組裝材料製作彈跳繩，這需要好幾天才能完成，而且涉及他不太可能具備的心理時間旅行技能。牠還需要對因果關係有充分理解，知道一個用彈性材料固定在另一個物體上的墜落物體會發生什麼狀況。然後牠必須組裝這個複雜工具，並且設法將它分別固定在自己身上和橋上，一種遠超過牠能力所及的技巧。這就是黑猩猩所缺乏的一種發問專長，即使桑提諾憧憬著高空彈跳，以牠的智力就是做不到。

但這是件好事，巴西亞的高空彈跳計畫是複雜人類認知出了差錯的例子，所以直接導致他喪命的是他的「智力」，而不是他的「愚蠢」。理論上智力較低的桑提諾**正因為**智力較低，而表現得更有智慧，換句話說，聰明有時會導致非常愚蠢的行為。

想一想這個人類和動物鬥智的例子，它突顯了人類智力的缺陷——或者無能。有三種臭蟲會在人睡覺時以人體為食：溫帶臭蟲（Cimex lectularius）、熱帶臭蟲（Cimex hemipterus）和鮑特細臭蟲（Leptocimex boueti），因為臭蟲會受到我們的體熱、體味和呼吸時呼出的二氧化碳的吸引。牠們是異常扁平的昆蟲，這有助於牠們藏在我們看不到的暗處，牠們能擠進只有一張紙厚度的狹小縫隙之間，由於牠們專以我們的血液為食，因此會在我們睡覺的地方附近尋找藏身之處。牠們最喜歡我們一動不動躺在床上的時候——輕易便可到手，牠們的整個生活習性圍繞著解讀人類行為，試圖弄清楚我們何時最脆弱。「牠們會等到你放鬆警惕才出來覓食，」裘迪．葛林（Jody Green）博士透過 Zoom 視訊向我解釋。裘迪是內布拉斯加大學林肯分校都市昆蟲學推廣教育學者，以及研究令我們抓狂的臭蟲、頭蝨、白蟻、跳蚤等昆蟲行為的專家。「牠們會記住你的作息時間，如果你晚上工作，只在白天睡覺，牠們會適應——並遷就你的睡眠時間，如果你去度假，牠們會等你回來。」

臭蟲的隱身術可能變得相當複雜，隨著年齡的增長，臭蟲會脫去牠們的外骨骼，留下一個幽靈般的外殼。當你用殺蟲劑噴灑屋子，年輕臭蟲有時會衝向最近的一個體型較大的成年臭蟲留下的外骨骼，並在殺蟲劑經過時躲進裡面。「多一層保護。」裘迪解釋說。

但臭蟲的主要戰略是躲在沒人查看或想到要噴藥的地方，試想一下飯店房間，每天都要徹底清掃，包括更換寢具。然而，飯店房間是眾所周知的臭蟲熱點，這是因為飯店房間就像我們的家一樣，有很多地方會在定期打掃時被忽視。有些物品很少清洗，像窗簾之類的東西，或者床裙，裡頭往往充斥著臭蟲。

也許飯店內最巧妙的藏身處，就是你最不可能去擾動的地方：床頭櫃上的《聖經》。由於國際基甸會的一項活動，北美幾乎每個飯店房間都有一本，這個基督教福音派團體一個多世紀來一直在免費分發《聖經》。《聖經》有數百頁，扁平的臭蟲可在書頁間藏身，這是整個臭蟲社會的完美藏身之處。裘迪建議說，如果你想清掃一下飯店房間看是否有臭蟲，應該首先查看這裡。「我知道翻看《聖經》尋找臭蟲可能不太好，可是……」

臭蟲可以使用一些前面章節提到的，無須用到情景預見或因果推理等方法、相對簡單的決策技能，來產生這些精心設計的藏匿策略。然而，這些簡單的頭腦經常在捉迷藏戰鬥中擊敗我們這些複雜的人類腦袋，這還不是這故事的最重要課題。由於臭蟲難抓又難以消滅，人類不得不發揮我們最複雜的「為什麼專家」才能，來想出殺死牠們的解決方案。化學製品雙對氯苯基三氯乙烷（俗稱DDT）是一種強效除蟲劑，最初用於消滅蚊子，在二次大戰期間被廣泛使用，以防止瘧疾和傷寒等蚊媒疾病的傳播，但它對於殺死臭蟲同樣有效。戰後，DDT在北美商業販售，普通市民開始在家中恣意噴灑。理由很充分。在一九〇〇年代初，每個美國家庭都經歷過臭蟲侵擾，然而，在十年內，在人們尚未了解牠對人類健康的危害之前，北美大量噴灑DDT，差點導致該大陸的臭蟲被撲殺一空。能從這次清洗倖存下來的臭蟲都是那些對DDT產生抵抗力的臭蟲。在人類舉杯慶祝勝利的同時，這些頑強臭蟲也開始繁殖——起初速度很慢，但到了一九九〇年代，臭蟲數量激增。

到二〇〇〇年代中期，美國的每個州都被波及，二〇一八年的一份報告發現，美國有97%害蟲防治公司曾在一年間處理過臭蟲問題，換句話說，如今有ＤＤＴ抵抗力的臭蟲幾乎無處不在。事實上，現代臭蟲幾乎對所有殺蟲劑都有抵抗力，所以到頭來，我們最聰明的解決方案仍然對抗不了臭蟲簡單的腦袋。但這故事還有後續，它突顯了由於預後短視而導致人類思維的巨大衰落。

事實證明，為了對抗臭蟲而向環境釋放大量ＤＤＴ是相當愚蠢的解決方案，它侵入了我們生活的方方面面，而我們至今才開始理解。儘管美國早在一九七二年就禁用ＤＤＴ，但現今生活在美國的每個人（包括禁令後出生的孩子）體內都含有微量ＤＤＴ。ＤＤＴ在水中的半衰期為一百五十年，也就是說，我們在一九四〇年代噴灑在地板和牆壁上的ＤＤＴ，最後無比安穩地落在了我們的拖地水桶裡，當這些水桶被清空，ＤＤＴ隨著廢水一起進入污水處理廠，或者直接流入河流和海洋，開始在魚和其他水生動物體內累積。一些吸收了ＤＤＴ的魚最終出現在我們的餐盤上，導致這種化學物質在我們自己的組織中積聚，並一直留存到我們死去。母親可以透過母乳將微量ＤＤＴ傳給孩子，因此直到今天我們仍然不可能避免攝入ＤＤＴ。更糟糕的是，ＤＤＴ會誘發接觸這種化學物質的女性出現「表觀遺傳變化」（epigenetic changes）並遺傳給她們的子孫。這些變化和肥胖症的增加有著直接關聯，而肥胖症和一些祖先曾接觸ＤＤＴ的女性罹患乳癌風險的增加有關。「妳的曾祖母在懷孕期間接觸過的東西，例如ＤＤＴ，可能造成妳對肥胖症的感病性（susceptibility）大幅增加，即使沒有持續接觸，妳仍然會把它傳給妳的孫子。」華盛頓州立大學表觀遺傳學專家史金納（Michael Skinner）說。人類不光輸掉了和臭蟲的戰爭，我們用於對抗臭蟲的超智慧技術解決方案最終也導致我們毒害自己和子孫。

這就是將人類智力視為特殊事物並假設特殊性是件好事的問題所在。人類的認知和動物的認知並沒有太大不同，儘管人類的認知較複雜，卻不必然會帶來較好的結果。在巴西亞對桑提諾、臭蟲對ＤＤＴ的較量中，比較複雜、人類形式的思維方式都是輸家。這就是我所說的**例外論悖論**（Exceptionalism Paradox），它的概念是，即使人類在認知方面確實獨特，但這並不表示我們在生命賽局中優於其他動物。事實上，由於這個悖論，人類可能是一個不那麼成功的物種，而原因就出在我們複雜、了不起的智慧。

去他的複雜性

說到演化，到底什麼是「成功」？演化成功可能意味著一個物種由於有效的生物設計，而在很長一段時間內保持相對不變，或者意味著牠已經大量擴展到全球。無論哪一種定義，如果你想看看動物界「演化成功」的例子，會發現每次勝出的都是簡單的認知，而不是複雜、類似人類的認知。

先來談談你的結腸吧。你可能已經知道，人體充滿了（並覆蓋著）細菌，事實上，你的身體擁有等量的細菌和人體細胞，分別有大約三十八兆個。細菌細胞比人類細胞小一個量級，這就是為什麼你的身體看起來、感覺起來主要像個人類。但你不是，你充其量只是個半人類。這些細菌大部分存活在你的結腸中，你每次排便都會排出數十億個細菌，而你的糞便有一半是由細菌細胞組成的。事實上，你早上排的糞便裡頭的細菌比生活在這星球上的人類還要多，現在有五百萬兆兆個細菌細胞存活在地球上——比宇宙中的星星還要多。如果光看數量，顯然細菌是有史以來最成功的生命形式，而且，不管再怎麼異想天開，牠們都是一種不具任何複雜認知的生命形式。

但即使撇開數量方面的演化冠軍（例如，像細菌這樣的原核生物）不談，轉而看看有哪些物種以目前的形式存在了最長時間，我們再次發現簡單思維勝過了複雜認知，即使是更大、更聰明的脊椎動物也一樣。請試想一下鱷魚這類物種，鱷魚、短吻鱷、凱門鱷等的祖先最早出現在大約九千五百萬年前——白堊紀中期，也就是說，鱷魚在河岸曬太陽的同時，霸王龍、迅猛龍、三角龍和電影《侏羅紀公園》裡的所有恐龍也都在一旁漫步。鱷魚在那場殺死了地球上包括恐龍在內的、四分之三物種的大滅絕事件中，巧妙倖存了下來。

鱷魚或許是有史以來最成功的大型脊椎動物物種，然而，和大多數爬行動物一樣，鱷魚並非以擁有複雜認知能力著稱。儘管牠們表現出玩耍行為，甚至會使用工具，但牠們並不擅長解決問題。牠們在情景預見、因果推理、心智理論或任何我們在人類身上發現的強大技能方面毫無表現。

這或許是因為抽樣偏差，但據我所知，目前並沒有鱷魚認知的實驗室存在，我無法想像有多少大學研究實驗室願意讓一群心理系學生將鱷魚送進fMRI機器[122]。但也無所謂，沒有這些認知技能，鱷魚照樣過得很好，因為就認知而言，有時反而過猶不及。

要理解演化對「複雜性」的不在乎，不妨想想海鞘（sea squirt）的困境。海鞘是一種屬於尾索動物亞門（subphylum Tunicata）的海洋動物，約有二千一百五十個不同品種。在幼蟲階段，牠們看起來很像蝌蚪，有頭、尾巴，還有一條脊索和一個能幫助牠們四處游動的簡單大腦；成年後，牠們會將自己附著在一塊岩石上，然後消化掉自己的大腦和脊索，並在這塊岩石上度過餘生，以濾食為生。這是物競天擇得出的結論，海鞘的最佳成功途徑是積極消除**一切思考**的機會。因為，正如我一直為人類主張的，複雜的認知可能是一種生存負擔。

數百萬年來，簡單的生物（從細菌到海鞘再到鱷魚）一直在物競天擇的賽局中獲勝，牠們不需要任何複雜的認知，這顯示簡單的認知特性（例如臭蟲所表現的那種很無趣的老式聯想學習）在產生成功行為方面有著無敵的紀錄。第一章中的狗狗露西透過聯想學習，理解到我們在樹林裡散步時看到搖晃的榿木樹枝可能預示著危險。看到那些樹枝，我和她都愣在了原地。我的「為什麼專家」能力或許讓我對樹枝晃動的原因有更深入的了解，但露西和我隨之表現出的行為是相同的。物競天擇並不關心引起我們警覺的原因有多少複雜性，只關心它是否能有效地讓我們活著。

我們人類的因果推理能力似乎很厲害，作為「為什麼專家」也讓我們取得了極大成就，但因果推理是剛上路的新手，它需要再歷練個數十億年，我們才能將它視為足以和聯想學習匹敵的強勁認知解決方案。而且，由於

122 功能性磁振造影（fMRI）在臨床上可定位大腦各種功能區，提供神經外科手術重要的醫學資訊。

預後短視使我們的物種面臨迫在眉睫的滅絕風險（由於氣候變遷、核戰或生態崩潰），我們的物種極可能撐不過一千年，更別說十億年了。蘇拉威西島的古老半人半獸岩洞壁畫已成為我們自身命運的預言象徵，它們是人類對道德和生命意義產生複雜思考的證據。然而，這些畫作本身卻開始消失。存在了四萬年之後，由於人類造成的氣候變遷所帶來的乾旱和高溫，它們正迅速損毀、剝落。

因此，巴西亞是我們物種在「例外論悖論」方面的終極象徵，正是他那種人類獨有的非凡認知複雜性，導致他被剔出了基因庫。我們深受預後短視之害，滿腦子只想著把自我滅絕的彈跳繩繫在自己的腳踝上。宏觀來看，我們注定要比細菌或鱷魚更早從地球上消失，這種看待事物的方式有點陰暗、令人洩氣，或許不是你期待的那種偉大結論，所幸，並非每個人都贊同我對人類智力價值的悲觀評估。

誰能稱霸？

我的朋友布蘭登是一名記者，在駁斥論點或挑戰想法上從不畏縮，我們經常在一家小餐館碰面吃早餐，狂飲咖啡，大談自己的滿腹熱情和煩惱。在針對《權力的堡壘》（*Borgen*）影集第一季中，丹麥女總理碧琪特・紐柏（Birgitte Nyborg）的丈夫角色「為何如此無情」進行了一番討論之後，我們進入關於人類智力的話題。我主張「智慧」一語充滿了價值爭議，我們應該避開不談，改而就個別的認知技能，不帶批判地進行分類和表述。如果我們不是根據複雜性，而是根據生物學上的成功來判斷認知的價值，那麼人類在這方面實在太嫩了，無法正確評估，而且也很可能由於預後短視，而與物競天擇相抵觸。如果我們看重認知在「產生有利於演化的行為」上的能力，鱷魚或許更有資格享有**智慧生物**的稱號。

「在這一點上，鱷魚贏了。」我說。

「不，我們贏了，」布蘭登辯說：「沒有其他動物能像我們這樣稱霸一切。」

「你所謂**稱霸**是什麼意思？」我反駁，「因為當下你屁股裡的細菌比地球上的人類還要多。如果單從數量來看『稱霸』二字，細菌顯然更勝一籌。」

「細菌或許數量很多，」布蘭登解釋，「但牠們無法像這樣對話。我們可以反思自己的生活，而細菌和鱷魚卻不能，我們早已超越了只是尋找食物和住所的階段。我們怎麼可能不贏？我一直認為我們贏是理所當然的，因為，瞧瞧我們做了什麼！」

接著布蘭登舉出一個又一個人類物種極大成就的例子：太空探索、原子分裂、疫苗、法律體系、大都會、工業化食品生產、網際網路、音樂、藝術、詩歌、戲劇、文學……等等。這份人類能而其他動物不能的事項清單長得嚇人，所有這一切都建立在我們對語言、文化、科學、數學等方面的才能之上。我爭辯說這些都不重要，都只是雜音，在十億年的動物認知歷史中，這些成就只是曇花一現，只是一個由簡單思維主導的、更漫長故事中的幾個閃爍朦朧的註腳。

「胡扯。」布蘭登說。

難道我真的認為這些成就（例如在月球上漫步）毫無價值？問題是，如果我們不認為數字比賽（即我們這物種現在有多少人活著）或長壽比賽（即我們的物種存在了多久，以及可能會繼續存在多久）之類生物學上的成功有其價值，那麼還有什麼別的方法可以用來判斷我們的認知及其產生行為的價值？我們能夠「理解和操縱宇宙物理性質」的獨特能力**本質上**是好的？布蘭登正是這麼認為。他正和一個不受生物學束縛的價值概念搏鬥，也就是追求知識、真理和美本身就是一種有價值的目標。另一方面，我是從適應性的角度來決定價值的。對我來說，哥白尼[123]和數學家洛芙萊斯[124]是可敬的人類智

123 Nicolaus Copernicus，一四七三～一五四三，文藝復興時期的波蘭數學家、天文學家，他提出「日心系統」，認為地球並不處於宇宙中心的特別位置，而是與其他行星一起在圍繞太陽的圓形軌道上運動。

124 Ada Lovelac，一八一五～一八五二，英國數學家兼作家，主張計算機不只可以用來算數，並發表了第一段分析機用的演算法，因此被公認為史上第一位程式設計師。

力成就的閃亮燈塔，但如果我們的物種在三十萬年後就滅絕，他們也就沒有多大重要性了。對布蘭登來說，如果像鱷魚一樣在水中嬉戲生活十億年，卻始終沒出現哥白尼或洛芙萊斯來幫助解開宇宙的奧秘，那也將毫無價值。

我認為這事可以折衷。我認為有個確立價值的方法，融合了布蘭登的哲學傾向和我的冷酷科學主義，而且，就像這陣子我生活中的所有事物，一切都得從我養的雞說起。

真正重要的事

人類智力的價值何在？人類有些能耐是其他物種無法企及的，因此產生了布蘭登所擁護的一長串人類成就，也是人類獨特認知的成果。我努力想釐清所謂好的成就，究竟意味著什麼的問題，並得出了結論：好的認知事物是指那些無論現在或可預見的未來，都能為動物個體和整個世界帶來最大幸福的事物。對我來說，這種確立「成功」構成要素的中間立場是最合理的。我不認為成功應該以數字比賽（例如有多少人口）或長壽比賽（例如鱷魚存在了多久）作為基礎，原因如下：地球將在幾十億年後被太陽吞沒。這是事實。在那之前，將有數百萬種，因為我們無法想像的、怪異的自然淘汰壓力而形成的新物種，也許人類會滅絕，被一種擁有抓力強的尾巴、成熟的心智理論以及貪婪的太空探索欲望的巨型烏鴉給取代。誰知道？重要嗎？太陽最終會摧毀這些新種超級烏鴉以及地球上的所有生物，那麼從長遠來看，所有關於種群數量、生物壽命的討論究竟有什麼意義？因此，生命的價值必須放在此時此地的框架中。而對你、我或當下活著的任何動物物種來說，最重要的就是「愉悅」。

每個生命的存在都只是一眨眼工夫，在那一瞬間，如果牠運氣好，有個大腦，牠將日復一日漂浮在一層豐厚的感質之上，也正是感質滋養了生命，於是驅使了動物行動、思考和生存，它們對我們關係重大，因此它們很重要。我們可以將價值問題從占據優勢的概念上移開，將它運用在一件似乎普遍存在的事情上：追求正向感質。換句話說，追求愉悅。我想布蘭登和我都同意，所有動物都看重一件事：快樂的最大化和痛苦的最小化。

從生物學的角度來看，這種將快樂最大化的想法是有道理的，因為大腦的職責是產生有助於動物生存和繁殖的行為。因此，大腦會產生愉悅感質，讓動物知道牠做對了。動物行為研究者巴爾科姆（Jonathan Balcombe）在其著作《愉悅的國度》（*Pleasurable Kingdom*）一書中探討了這個觀點：

> 動物界充滿了擁有各式各樣呼吸、感知和感覺方式的生物，牠們不光是活著，而且活得多姿多采。每個動物都在努力過活—養活自己、保護自己、繁衍後代、趨吉避凶。有各式各樣的好東西可取得：食物、水、活動、休息、遮陽、樹蔭、新發現、期盼、社交互動、遊戲和性。由於獲得這些好處關係到適應性，演化讓動物具備了體驗獎賞快感的能力。和我們一樣，牠們也喜歡找樂子。

愉悅感質是演化的驅動力，快樂對體驗它的大腦來說既是內在獎勵，也是生物學上的獎勵，因為它會激發動物去追求提高其生物適應性的目標。從道德角度來看，你可以辯說，為世界上絕大多數有自覺的生物（人類）帶來最大快樂的行為，才是最有價值的行為。布蘭登列出的人類成就（例如疫苗、農業）正是如此，這也是為什麼布蘭登認為它們本質上是有價值的。

這種快樂取向的價值是老派道德觀。兩個多世紀前，邊沁[125]和穆勒[126]首次提出快樂是功利主義（Utilitarianism）哲學核心的主張，邊沁這樣描述以快樂為基礎的功利主義道德哲學：

> 大自然將人類置於痛苦和快樂這兩個至高主宰的統治下，只有他們能指出我們該做什麼，並決定我們會做什麼。一方面是對與錯的標準，另一

125 Jeremy Bentham，英國哲學家，也是最早支持效益主義和動物權利的人之一。

126 John Stuart Mill，英國自由主義哲學家，以其哲學著作聞名於世，其著作《論自由》是古典自由主義集大成之作。

方面是一連串因果循環，都繫牢在他們的寶座上。他們支配著我們所做、所說、所想的一切：我們為了擺脫屈從所做的一切努力，最終都將用來彰顯並印證這點。

將這種功利主義和感質的生物學價值結合起來，你就有了方法可以判斷哪些動物是布蘭登所說的贏家，勝出的物種是那些能夠在生活中體驗到最多快樂的物種。很遺憾，即使我們把成功重新定義為「在世上產生愉悅」的能力，那麼人類仍然會和例外論悖論相牴觸。

以語言為例，這是布蘭登挑出的、作為「讓人類顯得如此獨特」基本要件的一項認知技能。的確，這是在非人類物種中絕無僅有的一種行為，和所有的認知技能一樣，語言的基礎材料可以在許多其他物種的溝通系統中找到，從土撥鼠發出的、能描述自己所發現動物的大小、顏色和種類的參考性叫聲，一直到讓人感覺像是一種初步語法形式的、結構複雜的鳥兒或鯨魚歌聲，不一而足。但除了人類，沒有其他物種擁有一套生成語法系統，能將有意義的詞彙，組合成可以表達腦中迸現的所有念頭的句子。

第一個問題是，比起和我們共享這星球的非語言動物，人類是否從語言的使用中體驗到了更多樂趣？語言可以用來創作歌曲、笑話和故事，而在我的生活中，這或許是我經常體驗到的最大快樂來源。我養的雞永遠不會懂這種樂趣，但這會讓牠們的快樂少一些嗎？這問題很難回答。雞並沒有演化成可以使用語言，就像人類沒有演化成在棲木上歇息。我的生活會不會因為我晚上不睡在樹枝上而變得貧乏？顯然不會。我的生物習性不是為棲息而設計的，然而，它是為學習和使用語言而設計的，如果我在成長過程中從未接觸過語言，我的人生可能會十分悲慘。那麼，雞並不知道自己錯過了什麼，因為牠們生來就不會錯過，牠們的樂趣來自刨抓泥地、吃蟲子。牠們不會從觀看《權力的堡壘》影集中獲得類似的樂趣，因此，沒有理由假設我們的非語言動物弟兄們會在快樂方面有所虧損。

但正因為這份語言才能，人類可能會蒙受虧損。第二章探討了會隨著語言的發展而加速的人類的欺騙能力，我們撒謊欺瞞、勸說誘騙的能力是造成這世上種種邪惡的部分原因。語言天賦能賦予暴君和領導者權力，想想希特勒的演講（和尼采的著作）對於推動德國納粹主義興起的影響。即使領導人不是特別能言善辯，他們的言語所傳達的想法也能驅使國家朝著導致數百萬人遭受苦難和死亡的侵略主義和種族滅絕目標前進。語言是我們物種取得許多輝煌成就（例如文化、藝術、科學）的起因，但它傳播苦難和破壞的能力也該被檢討。少了語言和使之成為可能的潛在社會認知技能，我養的雞就不可能**全體**集結起來，為了追求大雞國族的榮耀，而向全世界傾倒死亡。

和大多數人類認知成就一樣，語言是一把雙面刃，既帶來快樂，也帶來苦難。沒有它，人類會不會變得更快樂？很有可能。如果人類仍然是沒有語言能力的猿類，世界會不會經歷同等的死亡和苦難？或許不會。對整個動物界來說，語言引起的痛苦可能多過快樂。語言成了例外論悖論的犧牲品：它是人類心智獨特性的終極象徵，然而儘管它很奇妙，但它有利於給這星球上的生物（包括我們自己）帶來多過快樂的苦難。

那麼我們的科學和數學才能呢？和語言一樣，我們的數學能力也深植於所有動物的大腦中。斑鬣狗能算出敵對鬣狗群中有多少個體，這有助於牠們決定是否值得打一架；新生孔雀魚至少能數到三，寧願加入三條魚的群體，也不願加入兩條的魚群，這是想藉人多壯膽時的一項好用技能；蜜蜂能計算從蜂巢到食物來源的途中飛過的地標數量——例如，統計沿途的房屋數量，方便自己找到返回美味花叢的路。但人類將這些數學能力提升到了新的高度，愛因斯坦解釋時空如何被重力扭曲的場方程式[127]或許源於鬣狗和蜜蜂共有的數字能力，但兩者的相似處大概就像我的肉桂香蠟燭和太陽氣味的相似程度，微乎其微。

科學也在同等複雜的層次上運作，這就是人類對類固醇進行因果推理的「為什麼專家」能力[128]。科學方法為我們提供了工具，用以測試假說，並

127 field equation，或稱「愛因斯坦重力場方程式」，愛因斯坦於一九一五年在廣義相對論中提出，其定義重力為一種幾何效應，而時空的曲率則是取決於物質的能量動量張量。

128 類固醇可治療諸多疾病，但也存在不少副作用，另在運動比賽中，選手也經常為了增強體能而濫用類固醇，造就不少禁藥醜聞，而在媒體的報導與坊間的以訛傳訛之下，關於類固醇究竟是好是壞的討論，也成了人類長久以來不斷在思考的課題。

揭示為我們帶來許多刷新典範的想法（如細菌理論或量子力學）的因果關係。我們的集體文化就建立在科學和數學的基礎上，現代世界也正因為這些技能而存在，但除了最基本的形式，這些技能根本不存在於非人類動物身上。

那麼，科學和數學是否為人類帶來特別多的快樂？可以說，是的。雖然科學和數學給我們招來了死亡和毀滅（例如原子彈），它也促成了現代醫藥和食品生產。因此，總的來說，作為一個物種，我們的快樂的確因此達到了高峰，而這種高峰可能意味著，我們的日常生活比其他物種的生活少了點苦難，因為牠們可能比普通人類要花更多時間努力尋找食物和住所，並和疾病搏鬥。

可是話說回來，科學和數學**確實**給我們帶來了原子彈，還有機械化耕作，給了我們擺滿香蕉的超市，但也讓大氣層充滿了碳，因此並非全是好事。和語言一樣，它是一把雙面刃，由於許多技術和科學新發現，當今一般人可能比十萬年前的人過得更好，但地球本身（以及其中的生物）卻處境極糟。對目前瀕臨滅絕的數百萬物種來說，牠們的快樂大大減少了，主要還是因為人類的行為。而且，如果我們最終在本世紀末滅絕（發生機率為9.5%），那麼所有的快樂淨收益都將毫無意義。我們的科學思維才能和數學能力是例外論悖論的又一個絕佳例子：它既可敬又可怕。

最終裁決

人類在產生並體驗更多快樂方面（平均來說）是否勝過了其他物種？回答問題前，我們需要坦率討論一下「平均」這個概念。我不是一般人，身為一名生活在一個健康、教育和生活指數水平接近頂尖的國家的中年白人男性，我的生活型態優渥到了離譜的程度。我可以悠閒喝著進口咖啡，看著我興趣養的雞在我的院子裡遊蕩，不用擔心我的下一餐在哪，但這是不正常的。目前，生活在地球上的四分之一人口正在經歷中度到重度的「糧食無保障」，意味著他們沒辦法獲得足夠食物來維持健康飲食，或者已完全沒了食物。儘管千禧年以來，糧食無保障率有所下降，但一般人吃不飽的情況仍然很常見。在加拿大，我的預期壽命是八十二．四歲，比全球平均預期壽命七十二．六多了將近十歲，比預期壽命最低的中非共和國（只有五十三歲）多出近三十歲。居住在中非共和國的一般人過著和我迥然不同的生活，該國自二〇一二以來一直為內戰所苦，四百六十萬人口中有二百五十萬需要人道救援，我敢打賭，對中非共和國的一萬四千名兒童兵來說，快樂幸福的時刻都是極罕見的。所以說，「平均」的人類過著比我更艱難、更缺乏樂趣的生活。由於人類智力的悖論，我們創造了一個出現快樂最大化（在我這邊）以及快樂虧空（如目前中非共和國的現象）的兩極化世界。在早餐桌上談論人類經驗的價值時，也要把個人享有的優惠考慮進去。

那麼，最終判決來了。平均而言，**智人**並不比其他物種更可能體驗到快樂，無論我們在語言、數學、科學等方面的天賦為我們帶來了什麼，沒有證據顯示我的生活（儘管如此優渥）比我養的雞群過的生活充滿更多樂趣。

即使是最幸福的人類都不見得比我的雞群快樂，想想一個佛教僧侶的生活，他每天都在安靜冥想，已掌握了將負面思想或情緒所帶來的不安降到最低的能力。例如，馬修·李卡德（Matthieu Ricard）是一位藏傳佛教僧侶，被認為是世界上最快樂的人。在他最美好的一天，假設李卡德只體驗到愉悅，沒有絲毫負面想法或感覺，他的大腦充滿了正向感質，讓他覺得自己的身體、社會和情感需求都獲得了滿足，他沒什麼可煩惱。這跟我的雞群每天所經歷的真有什麼不同嗎？我養的雞每天所經歷的負面感質大概極少，甚至沒有。牠們可以在一個廣大的封閉區域內（遠離掠食者）覓食，並且獲得牠們需要的一切食物和水；牠們可以窩在高高的棲架上（牠們晚上最愛待的地方），並生活在社群中，根據對雞的社會認知的研究，這種社群正是牠們物種的常態（即一隻公雞，十隻母雞）。我的雞群和李卡德一樣，過著快樂最大化的生活，他和我的雞有著同樣的快樂滿溢的大腦，也就是說，人只要過著不如李卡德快樂的生活（例如我、你、兒童兵或任何人），理論上都在生命賽局中輸給了我的雞。

當然，我的雞的生活方式並非這個物種的常態，而這同樣是人類智力的產物，也是例外論悖論的可悲結果。人類有能力為雞創造一種快樂最大化的生活，但我們通常會利用這種力量，為牠們製造生活在野外的「普通」雞所沒有的大量痛苦。由於人類設計出簡化雞蛋和肉類生產的流程來最大限度地獲取食物，我們為養殖雞創造了一個噩夢般的境地。今天活著的雞絕大多數都被困在層架式籠子裡，無法正常棲息，覓食和社會化，整體來看，雞體驗到的快樂可能比人類更少。但荒謬的是，這是人類的錯，正是人類的認知為雞創造了更多痛苦，又沒有為我們自己創造更多快樂。

人類智力的未來

人類的心智是獨一無二的，我們擁有其他所有物種所缺乏的才能：有意圖地為**其他**心智製造更多快樂的能力。作為擁有情景預見和心智理論能力的「為什麼專家」，我們了解自己的行為能在其他生物的心中產生快樂和痛苦，不管是人類或動物，我們也了解兒童兵和籠養母雞的悲慘，我們知道這些，而且有能力加以改變。我們擁有認知和技術能力去創造一個為所有人類和非人類動物帶來最大快樂的世界，只要我們願意，我們可以讓快樂感質充滿整個世界。這將把人類智力的價值提升到凌駕其他物種之上，因為牠們無法想像一個極樂的世界。如果說有什麼東西可以讓人類心智在價值上優於動物，那就是我們理解快樂的重要性，並想要將它盡可能廣泛地傳播的能力。矛盾的是，我們沒這麼做。

我喜歡《星際爭霸戰》的原因之一是，因為它設想了一個類似的科技烏托邦，人類在其中和諧共處，消弭了我們目前所經歷的大部分日常苦難。《星際爭霸戰》電影裡那個快樂最大化的世界是一場幻想嗎？

說到創造一個極樂烏托邦，有兩種關於人類物種未來的思想流派。一派當中有哈佛大學心理學及語言學者史蒂芬．平克（Steven Pinker），他撰有大量文章，闡述為何我們物種在自我精進方面是有希望的。平克指出，由於啟蒙思想（即「應用於人類改良的理性」）之類的思潮[129]，人類在改善自己命運方面做得非常出色，在短短兩百年間讓我們的平均壽命翻了一倍，並將全球貧困減少到目前的水平（史上最低）。被要求推測我們物種的未來時，平克頗樂觀，認為「問題不可避免，但問題可以解決，而解決方案會產生新的問題，但同樣可以解決」。不算是一種烏托邦必將到來的承諾，但是帶有《星際爭霸戰》的調調，樂觀的味道多於滅絕。

另一派是哲學家約翰·葛雷（John Gray），他寫了多本關於人類在自然界地位的書。葛雷承認啟蒙風格思想帶來的美好激勵，因為它為我們帶來現代科技、醫學等成就，但對於這些優勢是否足以讓人類擺脫無休止的自我毀滅的預後短視循環，則似乎不抱太大希望。在其著作《芻狗》（*Straw Dogs*）一書中，他寫道：

> 知識的增長是真實的，而且（除非發生世界性災難）已是不可逆轉的。政府和社會的進展也同樣真實，但都是短暫的。它們不僅可能消失，而且肯定會。歷史不是進步或衰退，而是不斷循環的得與失。知識的進步讓我

們誤以為自己異於其他動物，但我們的歷史顯示並非如此。

是的，我們有可能打破這種不可避免的失落循環，生活在一個像《星際爭霸戰》那樣的科技化的美好未來，剛硬的城市懸浮在空中，底下是布滿了新生地球的蔥鬱、未開發的雨林。在那裡，生物多樣性已恢復，人類從不再需要大量土地或水的永續種植農法中獲取食物；在那裡，人們已消除了當前農耕方式造成的動物苦難。這是我女兒對世界的夢想：天空之城、森林、生命。

這是她在我們前往哈利法克斯參加氣候變遷青年遊行的途中告訴我的，當時我們開著我的ＳＵＢＡＲＵ沿著加拿大橫貫高速公路行駛，途經散落在新斯科舍省大地之上的一片片新砍伐的森林地。我們夾在大批人群

129 Enlightenment Thinking，源自「啟蒙運動」（Enlightenment），又稱「啟蒙時代」（Age of Enlightenment）與「理性時代」（Age of Reason），指一場在十七世紀及十八世紀於歐洲發生的哲學及文化運動，該運動相信理性發展知識可以解決人類實存的基本問題。

中（哈利法克斯史上規模最大的群聚）遊行過街道，要求各國政府採取行動來因應氣候變遷。在回家路上，我們停下來喝咖啡，吃甜甜圈，談論人類破壞地球的方方面面，以及我們該做些什麼來彌補。

耗油汽車？進口咖啡？光禿林地？氣候遊行？一天內有太多混淆不清的訊息，我得了預後短視症，我們都因為預後短視而墮落了。

我對於人類找到方法來解決逼近的生存威脅抱有希望；我相信我們能制定出避開決策盲點的法律，引導我們的集體行動去阻止氣候變遷和生態崩潰的威脅；我希望我們心中的《星際爭霸戰》烏托邦成為現實。但我只是不確定，這希望何時會化為妄想。

假如尼采是獨角鯨

讓我們回頭看看我們的老友尼采，以下是他對動物幸福的看法：

想想牛群，嚼著草從你身邊經過：牠們不懂昨日或今日意謂著什麼，牠們四處蹦跳、進食、休息、消化，然後又蹦跳起來，就這樣從早到晚，日復一日，受到當下時刻及其快活或不快活的束縛，因此既不憂傷也不無聊。這是人類難以直視的景象；因為，雖然他自認比動物高等，因為他是人，但他還是忍不住羨慕牠們的幸福。

問題是，尼采對牛群的看法是錯誤的，牠們並沒有「被束縛在當下」。牛和大多數動物一樣，會制定計畫，儘管是針對不久的將來；而且牠們也能感受憂傷，牠們對死亡有粗淺的概念，對失去朋友和親人也多少會感到悲傷。

但他承認牠們的快樂能力這點是正確的，他羨慕牠們的幸福是正確的。儘管因個別的牛而有所差異，但一頭牛終其一生很可能比靈魂飽受折磨的尼采體驗到更多快樂。不同於尋求以消除欲望來終結苦難的佛門僧侶，尼采將苦難視為通向意義之路，對他來說，苦難是可敬的導師，他的人類認知能力（他的死亡智慧、因果推理能力和認知語言天賦）沒有為他帶來快樂。沒有樂趣，只有他渴望的痛苦。到頭來，尼采若是一頭獨角鯨將會活得更好，而且，當我們認真考慮全球規模的增進快樂和減少痛苦（功利主義的烏托邦），那麼，如果我們全都是獨角鯨，世界將會變得更好。想想看，如果人類突然停止了一切人類特有的搞破壞行徑，將會有什麼樣的歡樂席捲整個動物界？

人類智力並非我們以為的演化奇蹟，我們熱愛自己的小成就（登月和大城市）就像父母愛自己的新生寶寶，但沒人會像寶寶的父母那樣愛他，而這個星球並不像我們這樣熱愛我們的才智。由於我們確實獨特（即使未必「好」），我們比以往和現在的任何動物對這星球上的生命造成了更多死亡和破壞。我們在智識上的許多成就目前正逐步招致我們自身的滅絕，這正是演化剔除不良適應的方式，而最大的矛盾是，我們竟然擁有一顆似乎一心想自我毀滅的非凡大腦。除非我們能在最後關頭拿出一個平克式的《星際爭霸戰》類型的解決方案，否則人類的智力恐將不復存在。

因此，與其因為動物缺乏人類的認知能力，而憐憫地看著生活中的牛、雞和獨角鯨，不如先想想這些能力的價值。你因為它們而體驗到比你的寵物更多的快樂嗎？這世界由於我們物種的智力而變得更美好了嗎？如果我們能老實面對這些問題的答案，那麼就有充分理由減少一些沾沾自喜，因為，今後會如何發展還未可知，但人類的智力或許真是一種空前絕後的蠢東西。

結語
為何要救蛞蝓？

每到晚春我的前院總是爬滿蛞蝓，牠們光滑的粘液拖痕布滿在車道上，每天早上都有幾十條躲在我車子四周避難。如今我的每日習慣包括了檢查蛞蝓，把牠們從車胎下移出。我無法想像自己若無其事地把車直接從蛞蝓身上輾過去，對我來說，這很像是反社會人格者的行為。

這是我的天命，我生長在一個母親和所有動物為友的家庭，記得在我小時候，她曾經驅散一群幾乎要踩上一隻蝙蝠的路人，那隻蝙蝠就躺在藥店門口的人行道上掙扎。原本可以得諾貝爾最膽小獎的母親大聲斥退所有人，然後她找到一只紙箱，把牠捧起然後救了出來。

我究竟是遺傳了我母親對動物的同理心，還是透過觀察她和動物的互動而學得的，這並不重要，總之我對身邊的生物也抱有強烈的同理心。由於我堅持每早查看蛞蝓，害我女兒不止一次上學遲到，而且我不容許家人打蟲子，這導致多年來發生許多關於蜘蛛恐懼症和拍蒼蠅的尷尬（甚至衝突）對話。

我在動物認知方面的學習興趣是我成長經歷的自然延伸，但它也受到我在那些年裡學到的各種價值觀和規範的限制，我只對動物進行過「觀察性」而非「實驗性」的研究，我從未收集過圈養動物的數據，因為我內心總感覺「囚禁」這個想法很有問題。理智上，我可以提出大堆論據來解釋為什麼圈養有時是必要的，甚至對某些物種有益。有些圈養機構由於出色的研究成果以及著眼於保護的對動物福祉的關注，成效良好；另外一些讓娛樂性掩蓋了福利的機構則相當惡劣。但無論哪一種我都覺得很怪，在我的職業生涯之初，我的同事就了解我的這點，而這也沒有阻礙我對野生海豚進行研究，或者（我希望）為該領域作出了些許貢獻。

然而，蚊子是例外，我會殺蚊子，對我來說，為了自我保護，暴力是正當的，人的信念的虛偽在這種地方暴露無遺。如果我是一個功利主義者，追求所有生物的最大幸福，那麼我不僅不該殺死蚊子，還應該讓牠們喝我的血，我的身體大概經得起幾千次叮咬才會真的出問題，而幾千隻蚊子的小腦袋將因此獲得愉悅，但在我看來這很荒謬，我不想這麼做。

對於應該如何對待動物，我們都有自己的想法，但我們的多數想法都並非經過仔細思考或出自複雜的道德考量，人多半是從周遭的文化中學會對待動物的，無論是社會或家庭。我們生活在未經檢視的規範之下，例如，在加拿大的大部分地區，我們吃豬肉不吃狗肉，但並沒有法律禁止這麼做。事實上，如果你專門養狗來食用，你可以隨意把牠們做成香腸或湯什麼的。儘管如此，在加拿大，吃狗肉的現象並不普遍，而這只是我們遵守的一種規範。

我在日本做研究的期間，有同事問我想不想嘗嘗用鯨魚肉做的漢堡，我拒絕了。在費了一番唇舌討論我為何不吃鯨魚之後，我問他是否會考慮吃狗肉做的漢堡，他說不會。日本人認為狗是寵物，不是食物，這想法對他來說很荒謬。我解釋說，日本吃狗肉的文化禁忌，和許多北美人對鯨魚肉的禁忌是一樣的，我不需要引發任何關於鯨魚智力、種群數量、殘忍的捕魚或諸如此類的爭論，因為大多數像我這樣的非本土北美人不吃鯨魚，是因為他們沒有吃鯨魚的（近代）文化歷史。這是一種文化禁忌，各種道德爭論往往由這個禁忌產生，就像尾隨著蛞蝓的粘液拖痕。

一切都沒有道理可循，理論上，我自己的信念沒有多大意義。例如，我不是素食者，儘管花了很多時間照顧我的雞，並盡力讓牠們得到健康和幸福，但我仍然會吃雞肉漢堡。我的辯解是，因為雞都變成了肉餅，這時擔心牠們的幸福水平已太遲了。當然，如果我自己養的雞死了，我絕不會吃牠，我們會為牠舉行喪禮並給予安葬。很瘋，對吧？我沒有一以貫之的道德框架可以全面概括我和動物的關係，甚至有時候，我的信念相互衝突，而且看似虛偽。

邏輯矛盾的不只我一個。在美國，根據《動物福利法》，為研究而飼養的小鼠、大鼠和鳥類不被視為動物，使得研究實驗室可以迴避關於其處理方式的福利規定。在美國，多達95%用於實驗室研究的動物不受聯邦法律管轄，因此也無法得到它的福利保障，這是一個漏洞，不是基於關係到動物苦難的倫理爭議，而是基於有關這些動物對醫療科學和／或財務利益相關者所具有的價值的法律爭論。

一旦開始尋找有關動物心智本質的事實，來幫助我們確定動物受苦的程度，科學就會被捲入倫理討論。本書充滿了關於動物心智的有趣事實，我希望藉此向你引介一些思考動物界的新方法，但如果你希望看到斷然主張可以或不可以做某件事（例如，開車碾過蛞蝓）的內容，那你肯定會失望。光憑動物心智科學並不能解答你的行為是否合乎道德的問題。

希望我已令人信服地論證了所有動物都有意識：幫助牠們作決定、產生行為的主觀體驗。動物對時間的流逝有所了解，也能為未來（通常近在眼前，但有時長達數日）制定計畫。動物了解死亡，牠們藉由累積關於**何事**在**何時**發生（儘管可能不包括**為何**）的聯想訊息，來了解世界的運作方式。動物並非透過固定不變的本能產生行為，而是透過內在傾向和預期心理（隨著接觸環境和學得的訊息而不斷修正）的混合體。動物可能會欺騙，動物有意圖和目標，動物也有一套引導其社會行為的規範，讓牠們了解什麼叫公平，以及牠們（和其他動物）該享有何種待遇。所有這些認知技能幫助非人類動物繁衍昌盛了數百萬年。而幫助人類做出一切行為的、少量的額外認知能力（如語言、心智理論、因果推理、死亡智慧等）是相對較新的附加物，還未證明自己對那位有用性的偉大仲裁者（物競天擇）具有多少價值。

知道了我們所了解的動物認知，還會覺得我每天早上拯救車道上的蛞蝓的行為很瘋狂嗎？這可歸結為兩個問題，兩者對我來說都很有意義。首先，蛞蝓如何體驗世界？第二，這對於我們該如何對待牠們產生什麼啟示？

蛞蝓用一種能給予牠們欲望和目標，以及快樂、痛苦、滿足等有意識感覺的方式來體驗世界，我會救蛞蝓是因為，奪走這一切真的很令人難過。對一個在數十億年間從未存在過，而後突然奇蹟般出現的心智漠不關心。能夠存在於當下，並有能力體驗這世界，是何等的奇蹟。我想盡一份力量，確保自己不是造成一隻蛞蝓提前夭折的原因。

希望本書能幫助讀者接納一種觀點，就是動物擁有值得你重視的、充滿了感質的小小腦袋，而你的腦袋也並不是天地間最了不起的東西，好像人憑著自認為的智力優勢，就有理由無視於動物的苦難。

幸福的最大化是不是生命的終極目標？我想是的，或者說將「愛的數量」最大化。我知道，當你試圖像科學家一樣思考，此時提起L開頭的字（love）可能會令人不安，但也不必太過苛責一本關於動物認知的書中出現這字眼。愛只是用較花稍的筆書寫的快樂，其生物學價值是顯而易見的。我愛我的雞，牠們或許也愛我，這讓我們所有人不僅更快樂，也更健康。快樂健康的動物能孕育出最好的後代，而這正是演化最關心的事情。演化珍視愛，因為我們珍視愛，即使宇宙並不真的需要它。「出於愛所做的一切總是超脫了善惡」，尼采寫道。這觀點我倒是很贊同，老友。

致謝

寫書可以是一種莫名情緒化的過程——充滿了自我懷疑、猶豫不決、有害的體認和虛虛實實的領悟。是你身邊的人引導你神智清醒地——手裡端著杯現磨咖啡——衝向終點線。因此，我得介紹一下他們。

我的神智健全一號悍將一直是——而且將永遠是——我的妻子蘭克・德弗里斯（Ranke de Vries），她不僅常為我沖咖啡，還對我寄給她的每份草稿提供回饋，並在我整理想法時聆聽我的扶手椅獨白。這肯定很乏味，但她從不缺席、從不抱怨，我滿懷感恩。還要感謝我的女兒米拉（Mila），雖說她不太情願聽我獨白，但她每天總能逗我大笑。

本書的出版首先得歸功我的經紀人麗莎・迪莫納（Lisa DiMona），每個人生活中都需要一個麗莎，她是我的代言人兼忠實聽眾，我很幸運能蒙受她的指引。直到今天，每當發現來自麗莎的 Email 進入我的收件匣，我的胸口都會顫動一下。

還有普羅諾伊・薩卡（Pronoy Sarkar），如果能把誰的名字放上本書封面和我的名字並列，那必定是普羅諾伊。他不僅是我的編輯，還是本書的共同家長；他不僅是這本書的擁護者、整個案子的催化劑，更在構建本書和我的論點時提供專家指導。知道普羅諾伊和我身在同一陣營，真是件開心和榮幸的事。

還要感謝 Little, Brown and Company 出版公司的整個團隊，包括芬達・迪亞洛（Fanta Diallo）、布魯斯・尼科爾斯（Bruce Nichols）、琳達・阿倫茲（Linda Arends）、瑪麗亞・埃斯皮諾薩（Maria Espinosa）、史黛西・舒克（Stacy Schuck）、凱瑟琳・阿基（Katherine Akey）、朱莉安娜・霍巴切夫斯基（Juliana Horbachevsky）、露西・金（Lucy Kim）、梅麗莎・馬斯林（Melissa Mathlin）和我的文案編輯史考特・威爾遜（Scott Wilson）。感謝許多早期讀者和評論者（尤其是喬納森・巴爾科姆〔Jonathan Balcombe〕和芭芭拉・J・金〔Barbara J. King〕），他們不只提供佳評，

還指出幾個很糗的問題，讓我在定稿中進行了更正。

感謝我為本書採訪和交談過的許多專家，可惜其中幾位沒能過目定稿；包括喬迪·格林（Jody Green）、丹·埃亨（Dan Ahern）、蘇珊娜·蒙索（Susana Monsó）、謝爾蓋·布達耶夫（Sergey Budaev）、米凱爾·哈勒（Mikael Haller）、麥克·麥卡斯基爾（Mike McCaskill）、勞倫·斯坦頓（Lauren Stanton）和埃文·韋斯特拉（Evan Westra）。還要感謝瑪麗－路易斯·特考夫（Marie-Luise Theuerkauf）校對了尼采著作的德文翻譯，以及瑪麗安娜·迪·保羅（Marianna Di Paolo）校對了休休尼語（Shoshoni）[130]翻譯。

有幾位朋友成為書中人物，我要感謝他們允許我讓他們名聲大噪和／或聲名狼藉，包括安卓亞·博伊德（Andrea Boyd，和她的狗露西〔Lucy〕和幸運草〔Clover〕）、莫妮卡·舒格拉夫（Monica Schuegraf）、麥克·

130 北美洲的休休尼人的語言，本意為「我們的語言」，此語言的使用者分布於美國愛達荷州、內華達州、猶他州、懷俄明州等地。

卡迪納爾－奧科因（Michael Cardinal-Aucoin）和布倫丹．埃亨（Brendan Ahern）。還要感謝和我就書中觀點進行討論的學術界友人，包括拉塞爾．懷斯（Russell Wyeth）、克萊爾．福西特（Clare Fawcett）、克莉絲蒂．洛莫爾（Christie Lomore）和道格．麥尼（Doug Al-Maini）。特別感謝我的寫作小組的成員，他們對我最初的寫書想法非常支持，包括約翰．格雷厄姆－波爾（John Graham-Pole，還有多蘿西．蘭德〔Dorothy Lander〕！）、彼得．史密斯（Peter Smith）和安妮．路易斯．麥克唐納（Anne Louise MacDonald）。安格斯．麥考爾（Angus MacCaull）不只是我在寫作小組的友人，更是我寫作生涯的擁護者，我感激他多年來的建議和支持。

感謝我生命中的許多藝文同好和友人，這幾年他們對我的寫作抱負鼓勵有加，包括勞拉．蒂斯代爾（Laura Teasdale，我的即興劇和音樂繆思）、里奇斯家族（Ritchie，茱麗亞〔Julia〕、彼得〔Peter〕和哈里特〔Harriet〕）、戴夫．勞倫斯（Dave Lawrence，我的播客繆思和第一批完整閱讀本書的人之一）、詹．普里德爾（Jenn Priddle，我的推手和啦啦隊長）、艾琳．科爾（Erin Cole）、麥可・林克萊特（Michael Linkletter）、史蒂夫・斯塔馬普洛斯（Steve Stamatopoulos）、艾胥黎・薛波德（Ashley Shepphard）、娜塔莎・麥金農（Natasha MacKinnon）、羅布・赫爾（Rob Hull）、艾倫・布里格斯（Allan Briggs）、植村理美（Ayami Uemura，音譯）、布倫丹・露西（Brendan Lucey）、詹姆斯・布林克（James Brinck）、珍・麥克唐納（Jenn MacDonald），還有，天哪，我發現我要感謝的人太多了，由衷感謝我認識和關愛的每個人！

感謝所有的D&D夥伴，他們花了數百（數千？）小時惡作劇，給我帶來無比歡樂和笑聲，舒緩了我寫書的煩惱，包括傑克・漢隆（Jake Hanlon）、保羅・泰南（Paul Tynan）、沃伊泰克・托卡茲（Wojtek Tokarz）、喬恩・蘭登（Jon Langdon）、莎拉・奧圖爾（Sarah O'Toole），多諾萬・珀塞爾（Donovan Purcell）、羅賓・麥克杜格爾（Robin MacDougall）、班・萊恩–史密斯（Ben Lane-Smith）和格蕾絲・蘭–史密斯（Grace Lane-Smith）。感謝也在本書中出現的我所屬的大叔樂團夥伴們：

朱利安・蘭德里（Julien Landry）、萊恩・盧克曼（Ryan Lukeman）、柯里・畢肖普（Cory Bishop）和阿德里安・卡梅倫（Adrian Cameron）。感謝我的 Netflix 應援小組唐娜・特倫賓斯基（Donna Trembinski）、麥克・史普林（Michael Spearin）、蘇珊・霍克斯（Susan Hawkes）和柯里・拉胥頓（Cory Rushton）。還要感謝聖法蘭西斯薩維爾大學的許多同事和朋友，特別感謝我在海豚溝通計畫的長期友人和合作夥伴：凱瑟琳・杜澤斯基（Kathleen Dudzinski）、凱莉・梅利洛－斯威廷（Kelly Melillo-Sweeting）和約翰・安德森（John Anderson），多年來你們一直是極出色的同事，我的成功很大程度要歸功於我們的合作。

非常感謝麥基（Mijke）、馬塞爾・范登伯格（Marcel van den Berg）、泰吉曼（Thijmen）、皮平（Pepijn）和曼德利夫（Madelief）加入這趟加拿大探險之旅！還有我在新英格蘭和尼德蘭（荷蘭）老家的親人，以及多年來和我一起歡笑的遍布全球的眾多好友。

特別要感謝我生命中的所有動物。如果沒有我和許多我遇上的許多動物——野生和家養——之間的連結，本書將不可能存在。從每早在我家露臺上迎接我的烏鴉，到我的貓奧斯卡（Oscar，牠也出現在書中），以及為我們帶來歡樂的雞們（回聲〔Echo〕、貝琪博士〔Dr. Becky〕、鬼魅〔Ghost〕、幽靈〔Spectre〕、塔皮茲〔Topaz〕、影子〔Shadow〕、迷霧〔Mist〕、咖啡〔Coffee〕、布朗尼〔Brownie〕、鬆餅〔Muffin〕、摩卡〔Mocha〕、雞歌〔Song〕和龍龍〔Dragon〕），當然還有我生命中的海洋動物夥伴跳跳虎（Tigger）。

感謝大家，請期待下一本書！

【原書參考資料】

國家圖書館出版品預行編目資料

如果尼采是獨角鯨：不那麼聰明，卻活得更幸福 / 賈斯汀．葛雷格 著；王瑞徽 譯. --初版.--臺北市：平安文化, 2023.11　面；公分. --(平安叢書；第775種)(我思；22)
ISBN 978-626-7181-98-0 (平裝)
譯自：If Nietzsche Were a Narwhal: What Animal Intelligence Reveals About Human Stupidity

1.CST: 哲學 2.CST: 智慧 3.CST: 動物行為

100　　112016892

平安叢書第0775種

我思 22

如果尼采是獨角鯨

不那麼聰明，卻活得更幸福

If Nietzsche Were a Narwhal: What Animal Intelligence Reveals About Human Stupidity

作　　者—賈斯汀．葛雷格
譯　　者—王瑞徽
發 行 人—平　雲
出版發行—平安文化有限公司
台北市敦化北路120巷50號
電話◎02-27168888
郵撥帳號◎18420815號
皇冠出版社(香港)有限公司
香港銅鑼灣道180號百樂商業中心
19樓1903室
電話◎2529-1778　傳真◎2527-0904
總 編 輯—許婷婷
執行主編—平　靜
責任編輯—蔡維鋼
行銷企劃—蕭采芹
美術設計—Dinner Illustration、李偉涵
著作完成日期—2023年
初版一刷日期—2023年11月

法律顧問—王惠光律師

讀者服務傳真專線◎02-27150507
電腦編號◎576022
ISBN◎978-626-7181-98-0
Printed in Taiwan
本書定價◎新台幣420元/港幣140元